U0037765

美國福特漢姆大學工商
顧問委員會會議

林毅夫，原北京大學中國經濟研究中心主任，現任
世界銀行首席經濟學長兼負責發展經濟學的高級副
總裁

林毅夫與學生交流

2006年6月，諾貝爾經濟學獎得主加里‧貝克爾教授參加匯豐論壇，與林毅夫親切交流

諾貝爾經濟學獎得主阿瑪蒂爾‧森參加北京大學中國經濟研究中心「嚴復經濟學紀念講座」時與林毅夫交談

北大國際（BiMBA）十周年慶典上，林毅夫接受粵港校友會代表贈送的珍貴字畫

林毅夫參加微軟公司高層活動

北大國際（BiMBA）2008年新年晚會上，林毅夫老師和同學們舉杯歡聚

作者（前排右三）及北大國際2008級EMBA同學與林毅夫老師在世界銀行合影

奇
傳 人
學

林毅夫

劉世英 ◎ 著

序言
傳奇學人　林毅夫

他為什麼傳奇

　　在中國的經濟學家隊伍中，林毅夫無疑是一個傳奇人物，無論從個人經歷還是治學研究都是如此。

　　林毅夫的人生經歷中有四次重要的轉折，每一次轉折，既戲劇般地改變了他的人生軌跡，也昇華了他的思想，增長了學識，拓寬了視野。

　　第一次轉折是從臺灣冒險泅水到大陸。20世紀70年代初，正在臺灣大學農業工程系就讀，擔任學生會主席的林毅夫，突然作出棄筆從戎的決定，申請轉學臺灣陸軍軍官學校。三年後，林毅夫以第二名的優異成績畢業，留校擔任學生連排長。隨後，他又以軍人身分被保送到臺灣政治大學企業管理研究所攻讀工商管理碩士學位。1978年，林毅夫碩士畢業後隨即返回軍中，擔任金門「馬山連」上尉連長。

　　與此同時，林毅夫透過報刊、廣播了解到，大陸剛剛結束了「文化大革命」，正在搞經濟建設。林毅夫對待在軍中升官並不感興趣，他希望看到的是兩岸的和平與統一。他認為，中國要統一才能復興，中國統一的希望在大陸，而大陸首先應該發展經濟。如果自己能對中國的經濟發展作貢獻，也就等於對中國的統一作了貢獻。1979年5月16日夜，林毅夫縱身躍入海中，泅海來到廈門。

　　為了深入研究和了解中國國情，深入了解中國國情產生的意識形態，林毅夫希望能夠到北京大學這所中國最早設立經濟系的高校深造。

經過一番周折之後，林毅夫在當時的北京大學校長周培源，北京大學經濟系主任、著名經濟學家陳岱孫教授，北京大學經濟系副主任、辦公室主任董文俊教授的引薦下，就讀於北京大學經濟系馬克思主義政治經濟學專業。

第二次轉折是在北京大學巧遇經濟學大師希西奧多・舒爾茨，獲得前往美國攻讀博士的機會。1980年，諾貝爾經濟學獎得主、芝加哥大學經濟系教授舒爾茨訪問北京大學，林毅夫憑藉出色的英文功底被選為隨行翻譯。舒爾茨教授對林毅夫的才氣非常讚賞，便盛情邀請林毅夫到芝加哥大學攻讀博士學位。

1982年，林毅夫在獲得北京大學經濟學碩士學位後，來到了芝加哥大學。當時舒爾茨教授已經退休10年，不再帶博士生。林毅夫入學後，舒爾茨教授破例將其招入門下。1986年，芝加哥大學博士畢業後林毅夫到耶魯大學經濟增長中心做了一年博士後研究。

第三次轉折是放棄美國待遇優厚的教職回到中國。1987年，林毅夫放棄了加利福尼亞大學洛杉磯分校的教職和世界銀行等多家國際機構的工作機會，毅然回到北京，成為中國改革開放以來第一個從西方學成歸來的經濟學博士。當時，在大陸正掀起「出國熱」，許多人都在拼命考托福，以期獲得出國的機會。

回到大陸，他堅定地選擇棄官從學，他始終堅持做學問，並把自己定位為「學者」。1987～1993年，林毅夫先後在國務院農村發展研究中心和國務院發展研究中心農村部任職，在這期間，他的著述頗豐。然而，正當他有所成就之時，他選擇從零開始，創辦北京大學中國經濟研究中心。他的理想是成為一名獨立學者。他說：「理想主義者是大家對我的讚許，我的幸福感來自於內心的平靜，我一直在向著這個目標努力。」

1987～2008年，在大陸工作的20餘年間，林毅夫兼任50多個社會職務，他是全國工商聯副主席，有機會在多個議政場合向高層提出國家經濟和社會發展的政策建議，涉及農業、國企改革和金融方面的各種問

題。他的「新農村建設運動」、「在初次分配中體現公平」等建議，都成為國家決策的重要參考。因此，他也被稱為中國的「富國智囊」。

第四次轉折是再次從中國到美國，出任世界銀行副總裁。2008年2月4日，世界銀行總裁佐利克發表聲明，經過全球遴選，正式任命中國經濟學家林毅夫為世界銀行高級副總裁兼首席經濟學家。由此，林毅夫創造了一項紀錄：在世界銀行這一全球最大發展機構60多年的歷史上，他是第一位來自發展中國家的首席經濟學家。21年前，林毅夫剛剛讀完博士後時，世銀就曾向他拋出過橄欖枝。與上一次的選擇不同，這一次，林毅夫接受了邀請。林毅夫給出的理由是：「我將在世銀首席經濟學家的位置上，更廣泛地研究和探討發展中國家面臨的機遇和限制條件，和各國政府、研究機構一起探討符合該國實際的解決方案。」

總而言之，林毅夫為了謀求國家統一和發展之大計，毅然拋家捨業，冒著生命危險泅水來大陸；在美國博士畢業後，在大陸「出國潮」盛行的情況下，他毅然決然地回到中國；而到中國後，他的許多建言都被中國高層採納，成為中國高層倚重的智囊；他在資金和人才極度匱乏的情況下，發起創辦了中國第一個由「海歸」學者組成的獨立研究機構，不僅為中國的發展培養人才，而且使這個中心成為研究中國經濟問題和經濟現象的重鎮；由他發起創辦的北大國際商學院為中國市場經濟的發展培養了眾多的有用人才，已連續三年被世界知名財經雜誌《富比士》評為中國最具價值商學院。

林毅夫是一個孜孜不倦的學者，對他來說，治學是他人生中最重要的事情。從治學方面來說，他擁有了中國經濟學界太多的第一：他是改革開放以後第一位在國際最權威的經濟學學術雜誌——《美國經濟評論》和《政治經濟學》發表論文的中國經濟學家，也是到目前為止在國外經濟學期刊中發表論文最多的一位；他是中國第一位運用規範的現代經濟學理論和方法研究中國問題的學者，也是國際經濟學界公認的研究中國問題的權威學者之一。

理論是建立在實踐的基礎上的。正是有豐厚的著述，且這些著述對

實踐具有指導意義，林毅夫才能成為第一位登臨國際經濟學界頂級講壇——劍橋大學「馬歇爾講座」的中國學者，成為第一位世界銀行高級副總裁兼首席經濟學家的中國人，成為獲得諾貝爾獎呼聲最高的中國人。

林毅夫無疑是北京大學國際商學院的金字招牌，從北京大學國際商學院走出的莘莘學子均以作為林毅夫老師的弟子為榮。林毅夫是一位和藹可親而又嚴肅認真的老師，上過他的課的同學都感歎他的淵博學識和縝密邏輯。他一心撲在教學、科研上以及中心的規劃發展上，他往往是深夜最後一位離開朗潤園的人，經常忙到凌晨一兩點鐘。林毅夫以他的勤勉、奉獻贏得了北京大學老師和同學們的尊敬和愛戴。

我是北大國際 EMBA 2008 級的學生，當年報考正是奔著林毅夫老師而來，但很遺憾的是，2008年9月入學時，林毅夫已遠赴華盛頓就任世銀副總裁。雖然身在世銀，林毅夫依然是這裡的靈魂人物，在林老師的宣導和推動下，如今北京大學中國經濟研究中心已成為國家發展研究院，他希望經濟學研究要站在一個國家發展的高度，並結合人文、社科各專業視角來考察國家經濟社會發展的宏觀命題。而有幸的是，2010年5月，在我們即將畢業之際，在北大國際 MBA 楊壯教授的帶領下，2008級 EMBA 同學前往美國參觀考察，在美國進行了為期半個月的國際領導力課程的學習。5月14日上午我們參觀了世界銀行大廈，見到了仰慕已久的林毅夫先生，親耳聽到了他的精彩演講。林老師對金融危機下全球經濟形勢的預測、對中國經濟問題的解讀及對中國未來發展所持的樂觀態度，以及他的幽默睿智給我們留下了深刻印象。

在北京大學就讀期間，我曾利用學習之餘訪問了許多熟悉林毅夫老師的學長和老師，了解到一些有趣的故事；同時利用在校園裡查閱書籍、報刊便利的條件，翻閱了林毅夫的大量經濟學著述，對林毅夫的經濟學思想有了一些粗淺的了解。此次美國之行與林老師見面時間雖然短暫，但切身的交往使我感受智者的魅力。雖然曾經很多老師和同學提醒說要寫好林老師不容易，但我仍然忍不住對他的經濟學思想和傳奇人生

經歷進行梳理。斷斷續續花了半年多時間，

　　寫寫停停，今終得以成稿。雖不敢說很好、很全面地詮釋了林毅夫先生的思想和經歷，但本著北京大學自由開放、相容並包的傳統，我還是不揣淺陋，拿出來與大家分享。

　　是為序。

劉世英

2012年3月28日

序　言　傳奇學人　林毅夫

1

林毅夫：
屬於中國　也屬於世界

　　2008年2月4日，世界銀行行長佐利克發表聲明，經過全球遴選，正式任命中國經濟學家林毅夫為世界銀行高級副總裁兼首席經濟學家。由此，林毅夫創造了一項紀錄：在世界銀行這一全球最大發展機構65年的歷史上，他是第一位來自發展中國家的首席經濟學家。

　　按照佐利克的說法，林毅夫是一個能夠把特殊的經驗和技能帶給世界銀行的人。佐利克所指的特殊經驗，是指林毅夫身上所具有的轉型期的中國社會經濟發展的經驗；佐利克所指的技能，是指林毅夫在中國參加過很多政策討論，有些政策建議已經被中國政府接受。

　　林毅夫曾說，經邦濟世是他的人生理想的追求，他對這個目標的追求和中國改革開放30年的進程是吻合的。因此，可以說，正是中國這不平凡的30年，給了林毅夫一個施展才能和抱負的機會，同時，也正是在國際舞臺上佔有越來越重要地位的中國，把林毅夫從中國的舞臺托舉到了世界的舞臺上。

從「叛逃」軍官到經濟學家

1979年5月的一個夜晚，夜色朦朧，一位名叫林正義的駐金門的上尉連長，望了一眼約2300米外福建廈門的海岸，夾著兩個籃球，縱身跳進海裡，泅水橫渡海峽，一夜之間「叛逃」來到大陸，開始了人生的新征程。

數年之後，這位「叛逃」軍官成為世界矚目的最有影響力的經濟學家之一。

在中國諸多的經濟學家之中，林毅夫在許多方面都具有十分獨特而富有傳奇色彩的，這不僅僅是因為他來自臺灣，更重要的是他擁有了中國經濟學界太多的「第一」：

他是中國大陸改革開放以後第一位從西方學成歸來的經濟學博士；他是改革開放以後第一位在國際最權威的經濟學雜誌《美國經濟評論》和《政治經濟學》發表論文的中國經濟學家；他是到目前為止在國外經濟學期刊上發表論文最多的一位中國經濟學家；他是中國第一位運用規範的現代經濟學理論和方法研究中國問題的學者，也是國際經濟學界公認的研究中國問題的權威學者之一；他的多部作品被列為西方大學有關中國經濟課程的必讀文獻；2009年1月20日晚，被譽為「中國經濟領域奧斯卡」的「2008CCTV中國經濟年度人物評選」結果揭曉。世界銀行高級副總裁兼首席經濟學家林毅夫入選，並位列第一，他也是該獎項唯一入選的經濟學家；就其在國際學術界的影響和地位而言，截至目前，在中國經濟學家之中，恐怕沒有一人能望其項背；他的論著被收錄在國際經濟學界許多重要的文集之中。比如他與 J. B. Nugent 教授合著的《制度與經濟發展》一文被收入當今最具有學術權威性的《經濟學手冊》叢書（由諾貝爾獎得主肯尼斯·阿羅等人主編）中的《發展經濟學手冊》（由錢納里和 T. N. 斯瑞尼瓦桑主編）第3卷；

他的論文一度獲得《澳大利亞農業與資源經濟學雜誌》1999年年度最佳論文獎；此外，他還曾獲美國明尼蘇達大學國際糧食與農業政策研

究中心1993年年度最佳政策論文獎、澳大利亞農業與資源經濟學會1997年約翰・克勞夫爵士獎、香港中文大學林大衛經濟學家獎，1999年被評為世界經濟論壇傑出學者；他在1994年發表的重要著述《中國的奇蹟：發展戰略與經濟改革》，使他名列世界經濟學家第237名，全球華人經濟學家第2名；

2000年9月，他的論文被世界著名的科學資訊研究所ISI（Institute for Scientific Information）評為「High Impact Paper」（高影響力論文），林毅夫教授獲得ISI頒發的「經典引文獎」（Citation Classic Award），表明其學術水準在世界範圍內受到國際同行的高度認可；

從1993年起，他享受國務院政府特殊貢獻專家津貼，並且被評為人事部中青年有突出貢獻專家、教育部人文社會科學跨世紀優秀人才；他的個人傳記被收入《世界名人錄》、《世界科學與工程名人錄》、《國際名人傳記辭典》、《國際年度名人》等傳記字典中；

他的榮譽兼職包括世界銀行顧問、聯合國糧農組織高級顧問、亞洲開發銀行顧問、國際水稻研究所顧問、重建布雷頓森林體系委員會OECD未來工作組成員等；

他是包括《美國經濟評論》、《政治經濟學》、《比較經濟學》、《農業經濟學》、《發展經濟學》、《經濟和統計評論》等雜誌在內的諸多國際著名學術期刊的匿名審稿人；

他還擔任了國內外多種學術期刊的編委，較為重要的有《農業經濟》（國際農業經濟學會會刊，林毅夫任副主編）、《太平洋經濟評論》、《中國經濟評論》、《中國社會科學季刊》、《經濟研究》和《經濟社會體制比較》等；

他曾是美國杜克大學、加利福尼亞大學洛杉磯分校等國外多所著名大學的客座教授，他還是荷蘭社會科學研究所校外主考人、香港大學博士生校外考試委員、澳大利亞國立大學和阿德萊德大學校外主考人、香港中文大學校外博士生主考人。

如今，他已是為世界所公認和矚目的經濟學家。

從臺灣「叛逃」而來的這位傑出經濟學家，正在為中國乃至世界的經濟未來認真思考著，籌畫著……

因此，有人說，林毅夫是中國經濟學界的一朵奇葩。

也有人說，這朵經濟奇葩是屬於世界的。

實際上，這朵經濟學界的奇葩不僅是中國的，也是世界的。

出入紅牆的學者與經濟智囊

在中國經濟學界，學術成就豐碩的學者很多，但如林毅夫那般「上得學堂，入得廟堂」的卻不多見。這位北京大學教授，又作為國家高層經濟智囊的他，自如地遊走在學界和政界之間，且均頗有建樹。

作為學者，林毅夫是迄今為止在國際權威經濟學刊物發表論文最多的中國經濟學家。他的學生是這樣評述林毅夫的：「林老師不管多忙，也要抽出時間對我們定期進行指導。有一回，正趕上他從香港參加完活動回北京。一下飛機，就直接趕到辦公室，那時已經是晚上6點多了，他指導我們一直到深夜12點多，中間就吃一碗速食麵。」林毅夫經常講的一句話是：「將軍最大的榮耀是戰死疆場馬革裹屍還，學者最大的榮耀是累死在書桌上。」

他一心創辦的北京大學中國經濟研究中心，更是被國外媒體看成中國政府舉足輕重的經濟智囊機構之一。他對北京大學教育改革作出巨大貢獻，其重要的舉措之一是1996年率先開辦其他學科和經濟學雙學位，為其他專業的學生提供研修經濟學的機會，適應時代和社會對通才的需要；二是開設獨具特色的北京大學國際 MBA 課程，致力於課程的本土化，開創了一個值得國內和其他發展中國家的商學院總結和借鑒的經驗和模式。

作為經濟智囊，近些年來，在中央高層領導參加的經濟問題研討會上，林毅夫的身影也經常出現。從1994年的治理整頓，到接下來的糧食問題、電信改革、銀行改革、加入WTO、收入分配、通貨緊縮、宏

觀調控、土地問題、農民工問題等，幾乎所有的重大決策討論，林毅夫都作出了重要的建議。如果談到對政策的切實推動的話，他提出的「建設社會主義新農村」、「窮人經濟學」等理論，則都成為重要的經濟政策。他提出的「三農」問題已被寫入國策。2004～2011年，「中央一號文件」連續8年鎖定他提出的「三農」問題。

林毅夫不是純粹的學院派，與純粹的學院派相比，林毅夫這位出入「紅牆」㊟的經濟智囊更強調經濟學對現實環境的實踐性。例如，關於「通過公共產品及服務的提供來拉動農村的內需」、「企業自生能力」、「新農村建設」的相關論述，其本身就為政府在決策以及政策的執行上，留下了極大的操作空間。

但林毅夫一直把自己定位為一個學者。他自己說：「任何時候我都胸懷著作為一個經濟學家所特有的歷史責任感。經濟好了，全盤都好。作為一個學者，我的任務就是為中國經濟推波助瀾。」

作為一個頗有成就和建樹的學者，他非常感謝這個時代，在他的身上打下了深深的「烙印」。他說，時常覺得這個時代是比「五四」更好的時代。「五四」的時候，我們國門被強行打開，見到與西方的差距，要富國強兵，就要針對問題，當時也有過熱烈的討論。學術的繁榮，造就了一些有影響的知識份子。但是那個時候我們的國力是往下走，我們缺少自信心，沒有哪個學者能有信心去總結中國的東西，來對世界思想界作出貢獻。改革開放以後，我們重新開始向西方學習，但這個時候和從前不一樣，我們的經濟在往上走，中國的國際地位越來越高，現在大家都在關注中國經驗，我們就比較有信心，能夠比較清楚地看到西方主流理論在解釋改革發展問題上漏洞百出，比如，按照20世紀50年代的主流發展經濟學，亞洲四小龍模式是錯誤的，但事實上這是唯一成功的模式。我們有可能從自己的現實出發，總結發現對中國、對世界理論界有貢獻的東西。

注：中南海是中國的政治中心，一如美國白宮，其圍牆是紅色故稱之「紅牆」。

林毅夫孜孜不倦地以切身行動踐行著自己的承諾，他打開「以天下為己任」的胸懷，以「自反而縮，雖千萬人吾往矣」的勇氣，不斷書寫著自己的傳奇！

中國最有希望獲諾貝爾經濟學獎的人

　　諾貝爾經濟學獎並非諾貝爾遺囑中提到的五大獎勵領域之一，而是由瑞典銀行在1968年為紀念諾貝爾而增設的。1969年第一次頒獎，但時至今日，尚無華人獲得此獎。

　　在中國，誰能問鼎諾貝爾經濟學獎？對這樣一個讓人牽腸掛肚的敏感問題，美國經濟學家密爾頓・弗里德曼發表過這樣的論斷，他說：「誰能正確解釋中國的改革和發展，誰就能獲得諾貝爾經濟學獎。」然而，在全世界經濟學家中，最有資格正確解釋中國改革和發展的，理所當然是中國的經濟學家。

　　林毅夫就是其中一個。這位承載著中國夢的「海歸」派學者，曾一度被視為最具希望獲得諾貝爾經濟學獎的中國經濟學家。這些年來，林毅夫一直在孜孜不倦地探索解決世界上最複雜、最艱深的經濟學上的「哥德巴赫猜想」——中國經濟問題。

　　可以說，對於正確地解釋中國的改革和發展來說，林毅夫可謂舉足輕重。

　　他在擔任國務院農村發展研究中心發展研究所副所長和國務院發展研究中心農村部副部長期間，就奔赴全國各省市、自治區、直轄市，進行「關於目前中國農業生產中存在的主要問題的問卷調查」和「關於目前中國農業科研與潛力的調查」。這兩項調查的順利完成，為評估農業科研項目的經濟效益及優先順序的最後確定奠定了基礎。

　　從黨的十一屆三中全會召開至今，是中國歷史上發展最快的黃金時期。國家的發展客觀上需要一大批經濟人才，中國的重新崛起為中國經濟學的繁榮提供了條件和機遇。正是在這一背景下，林毅夫創立了北京

大學中國經濟研究中心並任中心主任。從20世紀90年代中後期開始，在糧食問題、電信改革、銀行改革、中國加入WTO、通貨緊縮、宏觀調控、土地問題、農民工問題、住房問題等幾乎所有關係國計民生的重大決策中，都有北京大學中國經濟研究中心發出的聲音。

至此，在全世界經濟學家中，在全中國的經濟學家中，最有資格正確解釋中國改革和發展的，當屬林毅夫。20多年來，林毅夫不僅是中國改革開放的親歷者和受惠者，更是改革開放的積極推動者和自覺的研究者。作為經濟學家的林毅夫走進社會大眾的視野，他所提出的「新農村」建議具體內涵受到國內學界及政府部門盛讚。

而事實上，在2007年11月，林毅夫作為首位受邀的中國學者，在久負盛名的英國劍橋大學「馬歇爾講座」作演講，成為這個被譽為「諾獎搖籃」的國際經濟學界頂級講壇的第一位中國學者。據統計，登上該講壇的學者中，曾有14位獲得諾貝爾經濟學獎。故而，1993年的諾貝爾經濟學獎獲得者羅伯特·福格爾在杭州答記者問時就曾預言，林毅夫有望問鼎諾貝爾經濟學獎。

對於這一點，林毅夫卻看得很淡，他認為：諾獎雖好，但不能作為人生的目標，那不過是別人對你的評價罷了。重要的是你提出的理論能否解釋現象，能否推動社會進步，這才是最關鍵的。如果提出這個理論能夠對億萬人有幫助，即使不得獎，內心的滿足也是挺大的。

首位來自中國的世銀首席經濟學家

2008年，林毅夫又創造了一項新的「世界紀錄」！

就如同82屆北京大學經濟系的同學們沒有預料到林毅夫今天能成為經濟大師一樣，1986年，剛從美國芝加哥大學經濟系獲得博士學位，到世界銀行實習的林毅夫也不會想到，時隔20多年後自己將再度步入世界銀行總部，成為世銀高級副總裁兼首席經濟學家。

2008年2月4日，世界銀行總裁佐利克正式宣佈對林毅夫的任命。

在此之前的2007年11月的一天，正在伏案工作的林毅夫突然接到世銀前任首席經濟學家弗朗索瓦・布吉尼翁的電話。布吉尼翁在電話中說，他就要卸任了，希望推薦林毅夫去當下一屆的首席經濟學家，問林毅夫是否感興趣？林毅夫知道，任何一任首席經濟學家離職前和離職後，世銀都會成立一個遴選委員會選舉下一屆的首席經濟學家，在這個過程中，遴選委員會會考慮一些人選。但林毅夫知道，自己並不是唯一的人選。因此，他回答說需要考慮幾天，看自己是不是對此感興趣。林毅夫當然也知道，世銀的目標是幫助世界上所有發展中的國家獲得更好的發展，通過世銀這個位置，不僅能夠幫助其他發展中國家發展，也能給中國的發展創造更好的外部環境。因而，兩天之後，林毅夫給了布吉尼翁一個肯定的答覆。

2007年12月16日，世銀總裁佐利克訪問中國，在訪問期間，他與林毅夫進行了一次面談。在這次面談中，佐利克首先通過其了解中國現代改革發展的階段、存在的問題，以及中國政府是怎樣解決這些問題的。林毅夫清楚地意識到這次面談與他去世銀的任職有關，因此除了認真回答了佐利克的問題之外，也談到了世界的問題、非洲的問題。可以說，這次面談對林毅夫最終出任世銀首席經濟學家起了至關重要的作用。

2008年1月16日，在佐利克與林毅夫面談的一個月後，林毅夫接到了佐利克打來的電話，他被正式提名為世銀高級副總裁兼首席經濟學家。

2008年5月31日，林毅夫離開北京大學，正式就任世界銀行高級副總裁兼首席經濟學家。

世界銀行是全球最大的發展機構，其宗旨是向發展中國家提供資金援助，努力縮小富國與窮國之間的差距。世界銀行也叫知識銀行（Knowledge Bank），它跟其他銀行最大的差別就是它給發展中國家的任何貸款項目，都要包含新的知識的成分。作為首席經濟學家，林毅夫要管理龐大的研究部門，制定世銀發展策略，幫助世銀確定給予發展中國家什麼樣的貸款項目，這個貸款項目如何幫助發展中國家解決發展

的問題；身為高級副總裁，他還要參與國際經濟關係的協調。「我將在世銀首席經濟學家的位置上，更廣泛地研究和探討發展中國家面臨的機遇和限制條件，和各國政府、研究機構一起探討符合該國實際的解決方案。」這是林毅夫作出選擇的理由。在林毅夫之前，世銀有6位首席經濟學家，他們都來自西方發達國家。

林毅夫創造了一個紀錄：在世界銀行這一全球最大發展機構60多年的歷史上，他是第一位來自發展中國家的首席經濟學家。林毅夫的現任職位，以往從沒有來自發展中國家的人擔任，也從沒有出現過亞洲面孔。無疑，這將改變世界銀行的原有格局，也傳遞了一種中國深度參與世界經濟的信號，發出了第三世界的聲音。

「不識廬山真面目，只緣身在此山中」，林毅夫作為中國經驗的國際傳播者，他希望通過自己的努力，幫助發展中國家擺脫貧困的問題，更希望能夠從另一個角度了解中國經濟在發展中存在的問題。他認為這是作為一個經濟學家的使命。

未來之路，就在腳下。誠然，在林毅夫履任世界銀行高級副總裁兼首席經濟學家之時，我們無法預料他在世界銀行之後的人生，但路就在腳下，我們堅信：站在世界銀行首席經濟學家兼高級副總裁這一人生新起點上的林毅夫，一定會用自己的行動詮釋並踐行他的追求——「士不可不弘毅，任重而道遠」。畢竟，林毅夫，這已是一個屬於中國，同時也屬於世界的名字……

2

驚險一跳：
捨小我成大我

傳奇學人 林毅夫

　　記得著名詩人流沙河曾經抒發鄉愁，寫下了這樣耐人尋味的詩句：

　　　　就是那一隻蟋蟀，
　　　　鋼翅響拍著金風，
　　　　一跳跳過了海峽。

　　實際上，在林毅夫人生征程剛剛開始的時候，也曾有過這樣傳奇的「一跳」。這驚險的「一跳」，卻成為改變人生命運的「一跳」，成為躋身世界頂級經濟學家之林的決定性的「一跳」。用林毅夫的話來說，是捨棄「小我」成就「大我」的「一跳」。

棄筆從戎的高材生

　　1971年，年滿19歲的林毅夫考上了臺灣最好的大學──臺灣大學。軍訓8周後，他出人意料地選擇了棄筆從戎，毅然放棄返回台大，而選擇就讀軍校。按照臺灣的「兵役法」規定，男生人人都有服兵役的義務，但一般都是在大學畢業以後。這一事件頓時轟動全臺灣，成了各大報紙頭條新聞，林毅夫於是成為當時青年爭相效仿的榜樣。從陸軍軍官學校畢業後，林毅夫被保送到臺灣政治大學企管研究所攻讀工商管理碩士學位。畢業後隨即被派到兩岸對峙的最前線──金門馬山連當連長。林毅夫由此成為被蔣經國信任和栽培的「明星軍官」。

貧苦童年　逆境求學

　　1952年10月15日，在常人看來，這是再普通不過的一天，但是對於宜蘭縣一個姓林的普通百姓家庭來說，卻有著十分特殊的意義。這一天，在宜蘭縣寂靜的冬山河畔，一個男嬰在全家人的祈盼中「呱呱墜地」了，一個頑強的小生命出生了，他就是林毅夫。但當時他還不叫林毅夫。他的父親林火樹因為祖祖輩輩受夠了貪官污吏的欺辱，寄希望於有朝一日能夠伸張正義，因此就給兒子起名叫林正義。林正義這個名字一直伴隨他走過了人生最初的27個春秋。

　　宜蘭是臺灣東北部一個三面環山，一面臨海，交通閉塞，民風淳樸的縣，是經濟發展較為落後的地區。20世紀50年代，那裡的老百姓生活條件還相當艱苦。在那個年代的普通老百姓的記憶中，共同留存著這樣的畫面：父母因為忙於在田間勞作，沒有專人看管自己的小孩，為了防止小孩亂跑發生危險，兩三歲以前的孩子，常常在地裡挖一個小坑，把孩子放在裡面。除了中午吃飯時停歇下來餵一下孩子外，也就只能等到傍晚時分勞作結束，才能把孩子從坑裡抱起來背回家裡。從五六歲開始，父母或年長的兄弟姐妹，就會教他到田間拾稻穗、撿地瓜葉回家餵豬。稍大一些，到了夏天河裡漲水的時候，還要到溪邊拾溪水沖下來的

芒草、枯木，拾回家當柴火。

林毅夫幼時的家境也非常貧苦。當時，在林毅夫家中，一共有五個兄弟姐妹，林毅夫排行第四。剛剛出生的林毅夫，給整個家庭帶來了很多歡樂，也最受父母和哥哥姐姐們的疼愛。儘管幼小時沒有在土坑裡長大的經歷，但從他懂事時開始，也會幫助家裡幹一些諸如撿地瓜葉、拾柴火之類的事情。每天放學後他會騎著自行車到很遠的親戚家提泔水回家餵豬。由於家裡人多，住房狹窄，加上家住鬧市區，環境嘈雜，愛好學習的林毅夫總是每天晚飯後先蒙頭大睡，到了半夜別人熟睡後才爬起來念書做功課，一直念到第二天人們起床準備下地幹活，他也就收拾書包去學堂了。

林毅夫的父親從小就重視對子女的培養。據林毅夫回憶，父親在他很小的時候，就常常給他講《三國演義》、《水滸傳》、《七俠五義》、《說岳全傳》等傳統經典名著故事。這些精彩的故事給林毅夫留下很深的印象。而很多故事，後來都被他穿插進他的經濟學原理的大講堂中，成為他信手拈來的例子。

在父親的薰陶下，林毅夫從小就立志當一名歷史學家。歷史使人明智，透過古往今來的歷史演變事實，林毅夫在未來人生的重重迷霧中，依稀看到了自己今後努力的方向。「當時討論很多，一般就是讀歷史，知道中國過去非常輝煌，知道中國在近代受到很多欺凌，作為中國的知識份子，應該對這個國家有一份責任。希望通過自己的努力，能夠做點事情，讓這個國家富強起來，這是小時候一個追求的目標。」談到他後來泅水橫渡臺灣海峽來到大陸的動機時，林毅夫作出這樣的解釋：「我喜歡歷史，歷史的潮流是任何人都阻擋不住的，我希望在歷史的變化中能夠做一點心安理得的事。中國人經常講『小我』跟『大我』之間的關係，那麼要追求『大我』，只能把『小我』的東西壓到最低。這是我從小讀歷史書時堅持的一個信念，我有這個信念，那我就按照這個信念來做。」

至今，每當林毅夫談起自己的父母和兄弟，仍然心存感激，因為他

們給自己留下了很多精神財富。

林毅夫的童年生活是貧苦的，但是，正是幼年時的清貧生活造就了他吃苦耐勞、堅韌不拔的性格，也為他今後的求學之路夯實了堅實的基礎。正如林毅夫回憶童年時光時所說的那樣：「小時候，我們是很窮的，但是我們非常強調一個人如何定位自己，都是以他人的需要為主，要為他人擔當。當自己和別人的利益發生衝突時，先別人後自己；當個人利益和集體利益衝突時，要保全集體的利益——這種家庭教育是潛移默化、耳濡目染形成的。」

林毅夫，正是在這樣一個良好家庭教育氛圍中成長起來，也正是在這樣一種貧苦的生活條件下堅持學習，逆境求學的。逆境中的人往往更加懂得和珍惜自己所擁有的一切，雖然家庭貧寒，但是林毅夫的表現卻為全家人爭了光。

台大風雲男兒

一轉眼，十幾年過去了，林毅夫已經長成一個有為青年，他正在用自己的努力和智慧書寫著屬於自己的傳奇人生。

中學的生活是美好而短暫的。中學畢業後，林毅夫考入了臺灣地區最好的大學——臺灣大學（以下簡稱「台大」）農學院農業工程水利專業。據英國《泰晤士報》2009年5月公佈的排名，台大在世界範圍排名第95位，據《美國新聞與世界報導》2010年2月公布的排名，台大在世界範圍排名第124位。迄今為止，台大已培育出一名諾貝爾獎得主、三名臺灣總統，等等，素有「臺灣第一學府」之稱。

林毅夫的傳奇經歷就從這所名校開始書寫。

林毅夫進大學的第一年是1971年，這一年對臺灣來說，並不平靜。這一年，發生了被稱為臺灣地區有史以來爆發的第一次學生運動「保釣運動」——留美的香港和臺灣學生及臺灣本地學生掀起了一場保衛釣魚島主權的愛國運動。事件的起因要從1970年8月說起，美國把屬於中日兩國有爭議的釣魚島作為其託管的琉球群島的一部分歸還日本，日本則

準備在該島上開採石油。消息傳出後，立即激起了愛國學生們的極大憤慨。

1971年1月29日，加利福尼亞金山灣區9所大學的500名來自港臺的留學生在柏克萊分校學生會的呼籲下，自發集結在舊金山，掀起了「保釣」遊行示威活動。

1971年1月30日，紐約市「保釣」抗議大聚會舉行，有接近1500人參加。在29日、30日兩天裡，華盛頓、西雅圖、舊金山、洛杉磯、檀香山各地都有以留學生為主的華人群眾遊行示威，呼籲保衛釣魚臺列島，但並不是每場宣講都那麼順利。當時中國還沒有改革開放，很少有學生赴美留學，而臺港留學生又絕大多數沒有參加過任何遊行活動。

在台大校園內也度過了一段極不平靜的日子，許多學生組織並參與了當時風起雲湧的遊行示威活動。不過對大一新生來說，很多學生還顯得十分懵懂，並未參與其中。

林毅夫雖然也是剛入校的新生，但他卻積極向高年級學生看齊，他卓越的領導才華也在歷次活動中彰顯出來。對大一新生，他發起了「大一學生代表會」組織（以下簡稱「一代會」），並被選為「一代會」主席，和高年級學生組織的「全校班代表聯誼會」、「畢業生代表聯誼會」平起平坐，在台大校園爭取發言權。

據台大有關老師回憶，林毅夫在當時的表現並不遜色於高年級學生，在老師的記憶中，林毅夫是他所接觸的學生中「很特殊」的一位。他清楚地記得，林毅夫當選為『一代會』主席後不久，就跑過來找他說：「我覺得過去『一代會』總是無聲無息的，所以我想真正做點事。」在臺灣被驅逐出聯合國時，林毅夫在「一代會」聚會時，突然跳起來說「我要絕食」，並且表現出一種「說得出，做得到」的義無反顧的決絕之心。

但這種行動畢竟在校園內容易引起一連串難以控制的連鎖反應，在一位姓張的訓導長以及幾位師長的一再勸說下，他才「勉為其難」地取消了這次行動。

應該說，身處動盪的政治局勢，林毅夫的確是一位深切關心臺灣前途的台大新生。那時候的他，對臺灣政府寄予了無限的希望，對臺灣的前途也表現出了非常的關注。至於說到如何去挽救臺灣在國際上所面臨的困境，並非是幾個熱血學生的振臂呼喊就能解決問題的，因而，林毅夫的愛國行動也就不了了之。不過，當年一位同他一起參與校園民主運動的學生領袖這樣評價林毅夫：「他是一個慷慨激昂、憤世嫉俗之士，也是一個天真、熱情、敢愛敢恨的青年。」

　　不過那一年因為參加的活動太多，耽誤了許多課程，這位學生領袖的成績並不理想，根據台大提供的資料顯示，林毅夫大一上學期總平均成績僅為六十幾分，勉強合格。

寒訓轉軌　棄筆從戎

　　1971年12月，林毅夫和同學們將赴成功嶺接受為期8周的「大專學生寒訓」。這次訓練，對一般同學來說，不過是一次普通的、例行公事的訓練，但對於心懷遠大理想抱負的林毅夫來說，則是他一次重要的人生轉折。

　　林毅夫身高1.80米左右，長得黑瘦，整個人顯得精力充沛。他在受訓連隊中表現得比其他同學主動、積極。一個和他一起參加集訓的同學這樣評價當時的林毅夫：「很能吃苦，受訓又很認真，棉被總是折得有稜有角，深得班長、連長的喜愛。」

　　在20世紀70年代的臺灣，台大學生在畢業後選擇赴美留學的居多，誰也沒有料到林毅夫在軍訓期間竟然作出了一個讓老師和同學大為吃驚的決定——棄筆從戎，不再回台大念書。從受訓的第四周開始，林毅夫就產生了這種想法，到第五周時，他就向部隊的班排長報告了自己的想法。作出這樣的決定，林毅夫是這樣考慮的：「從美國總統尼克森宣佈訪問中國，中美建交到臺灣退出聯合國，臺灣的命運面臨了重大的考驗。在這種情況下，作為知識份子的自己，絕不能再沉默了，應該義無反顧地擔負起對臺灣、對民族的責任。」林毅夫還強調說，「報國」並

第二章　驚險一跳：捨小我成大我

非棄筆從戎一途,但對他來說,這卻是最能滿足他「報國」之心的最佳途徑。

軍訓的另一個目的就是培養大學生吃苦耐勞的精神。對於大多數嬌生慣養的學生來說,軍訓本身就是一件苦差事,但林毅夫卻不這麼認為。有一次,他竟然對訓導長說:「寒訓班的幹部訓練大學生的方式,不如真正部隊那麼嚴,這樣無法達到訓練的目的。」林毅夫還說,儘管他捨不得校園裡的杜鵑花,儘管他十分珍惜台大的自由研究風氣,但為了走上自認為理想的道路,他還是決定從軍。

除此以外,林毅夫還希望他的這次行動能夠在同學中引起共鳴,在廣大青年中匯成一股「愛國報國」的洪流。他認為,如果他學農工,對臺灣的貢獻也許比他從軍的貢獻大;但是如果他從軍能激起蟄伏在每個青年心中的「愛國」心和對「國家」與民族的責任感,則收到的效果就無法衡量了。1972年2月25日,在成功嶺大專寒訓班結訓典禮上,軍隊接受了林毅夫的請纓申請書,並讓他在典禮上傾訴了自己的心聲。

對林毅夫棄筆從戎的壯舉,大部分同學理解為是他的「報國心切」,有少數同學則認為是他大一上學期成績不好的緣故,而林毅夫的哥哥林旺松則解釋為:為了減輕家中負擔,他考上臺灣大學一年後,才轉讀不用交學費並有津貼的「陸軍軍官學校」。

林毅夫的選擇畢竟不只是一次簡單的個人選擇,一時間,臺灣各大媒體都爭相採訪報導他,對他的舉動大加讚賞。1972年3月4日,軍方頒發了「優秀青年獎章」給他,林毅夫於是成為一名模範的「青年軍官」。

從軍校學生到企管碩士

林毅夫終於如願以償成為一名軍人,不過他並沒有馬上進入軍旅成為一名職業軍人,而是先選擇了一所軍校就讀。林毅夫在台大學的是理科,他應該選擇與他的理科背景相近的中正理工學院,因為這所學院是臺灣地區培養軍事科技人才、負責武器裝備研究發展的最高學府,是臺

灣數一數二的軍校。但林毅夫卻不這樣認為。他認為，從軍就是要接受磨練的，最能磨練人的學校是陸軍軍官學校。如果自己選擇的是一條舒適的路，則達不到給他人做榜樣以喚醒他人的目的。「陸軍軍官學校」是臺灣的軍事高等學校，其前身為1924年成立的黃埔軍校，該學校分4年制大學部和3年制專科部，大學部招收17～22歲高中畢業生，培訓4年，畢業後任中尉，服役10年，期滿後除志願留營者外，還應延長服現役3～5年。專科部招收18～25歲高中畢業生，培訓3年，畢業後任少尉，服現役4年。當時的林毅夫可謂年輕氣盛，他不僅自己投身軍中，還希望能以自己的行動喚醒同他一樣的熱血青年，一起加入到為「國家」建功立業的行列中。他曾發出這樣的感歎：從軍雖不是知識青年「報國」的唯一途徑，但是有什麼途徑比執干戈以衛社稷更直接的呢？

台大有如此「愛國」而有獨立見解的學生，蔣經國深感欣慰，他親自接見了林毅夫，高度讚揚了他的「愛國」行為。那時，隨著臺灣退出聯合國的消息傳出，臺灣官方和民間的士氣都十分低落，很多年輕人因看不到臺灣的前途，紛紛放棄入伍從軍的打算。林毅夫此時的選擇恰好成為軍方招募新血極好的宣傳材料，他們緊緊抓住這個極好的宣傳造勢機會，把林毅夫樹為明星一般的樣板典型，在臺灣的各大媒體大加宣揚。當年，軍方鼓勵11000名大專畢業生，要認清「報國」的機會，把握「報國」的時機。

就在林毅夫棄筆從戎兩天之後，也確實有大學生向成功嶺寒訓部表示要轉讀陸軍軍官學校，媒體將這位學生的行為看作「回應林正義的行動」。

進入陸軍軍官學校以後，林毅夫便把林正義這個名字改為林正誼，以示與從前的林正義的不同。

在陸軍軍官學校，林毅夫沒有辜負各級領導對他的期望。他不只各科考試成績優異，還曾會同通信兵科的同學，用廢鐵及普通鏡片為材料，花了一年多的時間，研製並改造出一具牛頓反光式天文望遠鏡。這項科研成果，在臺灣各大院校中實屬首創。因此，媒體也不失時機地稱

讚他說：「這位宜蘭籍的優秀青年，不僅在理工科有成就，對社會科學及歷史也頗有見解，是優秀的基本幹部。」1975年8月，他以全校第二名的優異成績畢業，與第一名總分只差0.01分。

蔣經國在其主政臺灣期間，較重視本土人才，積極推行「本土化政策」。他不僅大量起用本省籍官員，還積極培養大批優秀的臺灣青年。林毅夫祖籍福建漳州，按其祖籍算，林毅夫是家族中的第七代傳人，而按其出生地臺灣宜蘭算，則是家族中的第三代傳人。因此，林毅夫算是地地道道的臺灣人。蔣經國對這個棄學從軍的台大學生的印象非常深刻。他一直在關注他的情況，把他作為重點培養的後備人才。因此，林毅夫在陸軍軍官學校畢業後，並沒有像其他學生一樣立刻下到野戰部隊帶兵，而是以軍職身分直接進入政治大學企管研究所就讀工商管理碩士課程。

政治大學的前身是國民黨統治南京時期成立的「中央黨務學校」，是民國時期國民黨培育政治人才的主要基地。它負責為國民黨培養政府機關公務員，那裡的畢業生享有被免試派任縣長或各級官員職務的權利。在林毅夫求學期間，蔣經國還特別叮囑當時的「總政戰部」的一位主任特別關照林毅夫。那時的林毅夫確是蔣經國十分看重的人才。

前沿陣地金門馬山連連長

1978年夏天，林毅夫獲得了臺灣政治大學的工商管理碩士學位，隨即被派到最前線金門「馬山連」當連長。

馬山位於金門主島的東北角，是全師最重要的一個連，不但全連官兵都是精挑細選的，而且裝備福利都是全師最好的。馬山連連長經常要向到前線視察的長官和外賓介紹軍務情況，因此，只有最優秀的基層軍官才能出任馬山連連長。由此可見蔣經國對林毅夫的信任、栽培和提攜。

在當時兩岸對峙的大背景下，林毅夫開始重新思考自己的前途和未來。1971年當林毅夫毅然決定投筆從戎的時候，他確實是一位熱心關心

傳奇學人 林毅夫

臺灣前途的熱血青年。然而，在擔任金門馬山駐軍連長期間，他越來越感到當時的處境和局面，使自己與理想越來越遠。

明星軍官「人間蒸發」

　　1979年5月16日，這一天，在林毅夫的生命中，注定是具有永恆的意義。就在這一天的傍晚時分，他「假傳演習命令」，下達宵禁令，命令士兵若發現有人下海游泳，嚴禁開槍射殺，即便聽到槍聲，也不准一探究竟。隨後，他成功地完成了驚人的「一跳」！

　　這一天，林毅夫從一個世界消失了！他重新來到了「另一個世界」！

　　為什麼林毅夫會有勇氣做出如此驚人而傳奇的「一跳」呢？

　　他當時是怎樣作出這個抉擇的呢？

冒出一個大膽的念頭

　　林毅夫從小研讀歷史，一心想當歷史學家，儘管這個願望沒有實現，但他對中國歷史的了解卻十分深刻。他在少年時代閱讀鴉片戰爭之後中國的屈辱史，便開始思考如何使中國富強的問題。進入臺灣大學讀書後，他也像歷史上很多有識之士一樣，一直在思考中國如何能夠富強，自己如何報效國家等有關國家前途命運的大問題。作為一個經濟學碩士，在金門的每一天，使他越來越感到，儘管自己曾經是被媒體吹捧的對象，而且深得高層信任，有不可限量的發展前途，但這些都不是自己最終追求的目標。臺灣當時正在十字路口上徘徊，長期依賴美國的援助，始終維持著一種妾身未明的身分，這對臺灣的發展終將不是長久之計。而這種兩岸之間的對峙狀態，更讓他感到異常痛苦，他感到，戰爭永遠不是解決問題的根本途徑，永遠不能使臺灣得到很好發展，只能造成骨肉分離，家國衰敗。那麼，臺灣該如何發展，臺灣該何去何從呢？臺灣的出路在哪裡呢？這些問題一直縈繞在他的腦海中，成為他百思不

解的問題。

在金門馬山連，林毅夫自己買了一個電晶體收音機，每當夜深人靜的時候，他就打開收音機悄悄收聽大陸的消息。從收音機裡，林毅夫了解到，當時，大陸的經濟發展還相當落後，遠遠比不上臺灣。大陸人民的生活水準還很低，但基本上是可以吃得飽，穿得暖的。這對於一個大國來說，已經算是一項突出成就了。從收音機裡，林毅夫還了解到，海峽對面的大陸剛剛結束了「文化大革命」，正處於一個全新的歷史關頭。尤其是1978年十一屆三中全會的召開，中國開始實行改革開放，標誌著中國已經開始走上了以經濟建設為中心的發展軌道。這些消息，讓林毅夫內心充滿希望。研究歷史發展規律，林毅夫認為，中國要統一才能復興，中國統一的希望在大陸，而大陸首先應該發展經濟。如果自己能對中國的經濟發展作貢獻，不就等於對中國的統一作貢獻了嗎？儘管這個貢獻因個人的能力大小不一樣，但自己還是可以盡一己之力的。這樣一想，林毅夫隱隱感到，自己似乎可以做點什麼來改變目前的這種狀態了。

從林毅夫泅水到大陸後給他在日本東京的表兄李建興的長信中，就能感受到他的這種理想主義的情懷：

「……基於對歷史的癖好，我特地去參觀了許多名勝古蹟，但是長城的雄壯、故宮的華麗，並沒有在我心裡留下多少深刻的印象。最令我感到震撼的是，戰國時代，李冰父子在成都所築的都江堰。由於都江堰，使四川成為天府之國，而始建迄今2000多年，但是它還在惠及眾生。當我站在江邊，聽那滔滔的水聲，真讓我有大丈夫若不像李冰父子為後世子孫千萬年之幸福，貢獻一己之力量，實有愧於此生之歎。」

「……作為一個臺灣人，我深愛這塊生我、養我的地方，我願為它的繁榮、幸福奉獻一生的精力；但是作為一個中國人，我覺得臺灣除了是臺灣人的臺灣之外，臺灣還應該能對中國的歷史發揮更大的貢獻。長期的分裂，對大陸不利，對臺灣不利，對整個中國歷史更不利，因此，如何在不損害臺灣人民利益的前提下，促使中國早日再度統一，是我輩

有志青年無以旁貸的責任。」

　　然而，一灣淺淺的海峽卻如同一道巨大的屏障和無法跨越的鴻溝，硬生生地將兩岸人民骨肉分離，使他心中的「大中國思想」無法實現。心繫祖國的林毅夫望洋興嘆的同時，他內心開始泛起了層層波瀾。從心底講，他痛恨海峽兩岸的這種分離，可是眼睜睜看著卻又無法改變現實。

　　怎麼辦？林毅夫終究還是林毅夫，果然睿智過人，勇氣驚人。

　　林毅夫曾聽人說，10年前，金東旅部某連有一名搜索排長，從天摩山下後嶼坡泅水到對岸。這名排長事前向蛙人借了「蛙鞋」，只說要下海學游泳，泅水的當晚到一家小店喝了一碗綠豆湯，第二天一早對岸就廣播，宣布那名排長「起義歸來」。

　　這個故事給了林毅夫極大的啟發，聽後他的心情頓時豁然開朗。

　　經過深思熟慮，一個大膽的念頭冒出來了。

拋家捨業　驚險一跳

　　1979年5月16日，林毅夫思慮再三之後，終於作出一個改變他一生命運的決定——泅水橫渡臺灣海峽，到2000多米開外的大陸謀求發展，希望能夠為實現兩岸的統一貢獻自己的一己之力，從而實現自己的人生夢想。

　　但是，要做到這一切談何容易！其時，林毅夫已經擁有一個幸福的家庭，他的妻子陳雲英是他在台大的校友，他們倆互相愛慕，一見鍾情，並在1975年林毅夫從陸軍軍官學校畢業的當年就結婚了，並於第二年生下大兒子小龍。就在林毅夫作出投奔大陸的決定時，小龍已經3歲，活潑可愛，整日在父母的膝下承歡。而陳雲英也已身懷六甲，另一個新的小生命很快就要降生。林毅夫的父母也上了年紀。按照中國人的傳統，林毅夫應該留守在家裡照看老人，盡自己的孝道才對。

　　然而，忠孝不能兩全，自古以來就有好男兒志在四方的說法。況且決心既定，難以更改。

　　按照當時盛傳的說法，那天傍晚時分，林毅夫假傳演習命令，下達

宵禁令，由連傳令兵通知沿海崗哨，不准駐防馬山播音站的官兵在夜晚點名後走出營房；若發現有人下海游泳，嚴禁開槍射殺，以讓游泳者順利泅水「叛逃」對岸；即使聽到槍聲，也不准一探究竟。其實，那個「游泳者」不是別人，正是下達宵禁令的林毅夫。

當天晚上，林毅夫一直光著膀子，整晚都身著短褲，以打籃球消磨時間。時間一分一秒地過去，大約10點鐘，他就消失了。

海邊的人都有這樣的經驗，晚上10點，是海水水位最低的退潮時間。這個時間一到，林毅夫立即穿好軍服，套上早已準備好的軍用救生衣，將指北針、軍用水壺和急救包掛在腰間，口袋裡裝上能證明自己身分的補給證，下海了。留在岸上的，是一雙上面寫有「連長」字樣的軍用膠鞋。

據後來林毅夫的妻子陳雲英透露，林毅夫是個游泳健將，至今仍可連續游上2000米。即便是這樣，林毅夫當年的「驚險一躍」也是冒著生命危險進行的。儘管在陸軍軍官學校受過嚴格的體能訓練，但泡在冰冷的海水裡的林毅夫深知，此行他有可能遭受以下不測：他可能遭到鯊魚群的攻擊，被鯊魚咬死，也可能被官兵發現視為「投敵」而亂槍射死，也可能被對面哨兵當做祕密潛入的「蛙人」射殺，即使登上岸，也難保不踩上到處都是的地雷。不過，已經跳入臺灣海峽深水中的林毅夫已經顧不上這麼多了，他只知道向西拼命地游去，游去⋯⋯

據稱，就在林毅夫冒死渡海之時，金門駐軍發現連長失蹤。於是發射照明彈，海天一片明亮，50挺機槍與105座榴炮不斷射擊海面可疑漂浮物。次日開始，金門防衛司令部又舉行全島「雷霆演習」，10萬官兵與5萬平民每人手臂上綁上一樣的白臂章識別，手持木棍翻遍島上每寸土地。但找了好幾天全無結果。林毅夫失蹤的那天晚上，金門全島雞犬不寧，所有駐軍出動，連夜展開全島水陸兩域地毯式搜索。為防「叛逃」洩露軍機，連隊當即修訂了作戰計畫，兩天後展開了全島東西守備部隊互換防區的大規模演習。

一天、兩天、三天過去了，搜索結果毫無收穫。生不見人，死不見

屍。而此時，大陸方面也沒有任何有關林毅夫的消息。為免此舉影響軍心，「金門防衛司令部」草草完成了調查，在人屍俱杳的情形下以「失蹤」結案。

一個活生生的人就這樣「人間蒸發」了。

在林毅夫離開金門的那天晚上，有人看見他一直在打籃球，因此，在臺灣軍中一直盛傳林毅夫是抱著兩個籃球跳進臺灣海峽的。這個說法在2008年3月召開的全國兩會期間，在林毅夫夫婦舉行的新聞發布會上，被證實是謠言。陳雲英說：「沒有人能抱著籃球游過臺灣海峽，不信你試試看！」一旁的林毅夫也幽默地說：「尤其是兩個。」不過，由於這種說法已在軍中被當作事實接受，為了避免此事重演，很長一段時間內，籃球成為金門駐軍違禁品，軍中士兵們一概不准打籃球，即使後來可以打籃球，打完籃球後，也必須立即把氣放掉實行統一保管，不許任何人私自攜帶籃球。在兩岸對峙年代，這無疑是一則笑話，但林毅夫的「叛逃」對臺灣方面的打擊可見一斑。

2009年8月15日，首次「廈門—金門海峽橫渡活動」舉行，100名來自大陸和臺灣的游泳健將，爭先恐後地從廈門椰風寨附近海域游到小金門雙口海灘，這是兩岸對峙60年以來首次舉辦的大型體育活動。30年前，游過來是「叛逃」，30年後，游過去是壯舉。金門與廈門之間不到3公里的海峽，竟然成為兩岸關係的見證。世事滄桑，事態百變，短短30年間所發生的變化，不禁讓人感歎。

改名言志　謀求生路

在回憶當年從臺灣到大陸的經歷時，林毅夫說：「每當夜深人靜，遙望對岸星星點點的燈火，心潮總是起伏澎湃，對大陸充滿無限嚮往之情，看著大陸的山山水水，總有一種兒子撲向母親懷抱的那種衝動。」

我們知道，就直線距離來測量的話，金門與對岸只有2300米之隔的是福建省，而林毅夫成功抵達大陸的第一站便是福建美麗的「海上花

園」——廈門，因為與金門隔海相望的正是廈門。

初到大陸的林毅夫，滿懷激動和些許緊張心情在廈門「參觀遊覽」，逗留了大概兩個多月。就在在廈門逗留的兩個月間，大陸又發生了兩次對中國未來具有深遠影響的變革。第一件是1979年6月15日，時任安徽省革命委員會主任、後為國務院副總理的萬里在安徽鳳陽縣農村考察，肯定了當地農民自發的包產到戶嘗試。至此，中國開始進入改革開放的新時代。在廣闊的中國農村，率先進行了具有歷史性意義的改革，家庭聯產承包責任制取代了之前的集體所有制，農民被允許搞副業，辦實體，農民開始從土地中解放出來。第二件是同年7月15日，鄧小平結束了一直以來對是否在深圳、珠海等「邊陲小鎮」、「省尾國角」建經濟特區進行改革試驗引發的爭論，他力排眾議，支持建特區搞發展經濟的實踐。

北京是中國的政治、文化中心，同時也是全國教育最發達的地區。林毅夫希望兩岸統一，實現經濟的共同繁榮發展，結束對峙造成的骨肉分離的狀態。兩岸統一後，最主要的工作還是在發展經濟方面，此番投奔大陸，並不是對臺灣有什麼不滿，而是希望能運用自身所學知識為兩岸的和平統一、繁榮發展貢獻一己之力。為了達到這個目的，林毅夫決定再用3年的時間，進行一定的知識儲備，對經濟理論方面的問題再好好下一番工夫。

鑒於當時兩岸敏感的政治關係，林毅夫感到不便暴露自己的真實身分，如果造成誤會，不僅給自己帶來麻煩，甚至還會連累家人。在一次央視節目訪談中，林毅夫這樣袒露了他當時改名的原因：「在這種狀況之下，我自己是希望做到不傷害任何人，如果我不傷害任何人的話，我必須是讓別人覺得這個人是消失了、蒸發了，因此，我採取兩個措施，一就是改個名字，也算激勵自己吧，二是不對外做任何宣揚。」

從小熟讀中國古籍，林毅夫最推崇的就是曾子的一句名言：「士不可不弘毅，任重而道遠。」因此就把自己的名字改為「林毅夫」，以激勵自己做一個既有遠大理想抱負又剛強勇毅、不怕磨難的人。林毅夫推

崇的這一人生理想和他牢記的孫中山先生的遺訓是一脈相傳的：「唯願諸君將振興中華之責任，置之於自身之肩上。」

　　林毅夫就是這樣一個有遠大抱負的人，他在金門馬山擔任連長的時候，就十分同情那些有親人在大陸的士兵，從他們身上，他感受到了那種骨肉分離的痛苦。如今，他不惜遠離深愛他的妻兒老小來到一個不可知的環境，並且還須隱姓埋名以求平安，個中滋味只有他自己能夠體會。只不過對當初的決定，他從來就沒有後悔過。他的妻子陳雲英對他當年的行為也深表理解，她說：「毅夫生於1952年，我生於1953年，那一代的臺灣大學生對臺灣的前途有很多思考。當時臺灣的前途有不止十種選項，其中回歸祖國是一個比較好的選擇。其實，很多人都意識到這一點，不同的是，我的先生，他比較執著，為了自己的理想，可以游過臺灣海峽。」

3

他山求玉：
燕園砥礪　西天取經

傳奇學人 林毅夫

　　20世紀70年代末，在中國改革開放初期，林毅夫從臺灣來到大陸，自此與北京大學結下了不解之緣，至今對北京大學心存感激。

　　他常說，倘若沒有北京大學「思想自由，相容並包」的辦學思想，就沒有他的今天；倘若沒有北京大學校領導的支持和勉勵，他就不可能在北京大學學習經濟學的另一套體系——馬克思主義政治經濟學，也就不可能有邂逅諾貝爾經濟學獎獲得者、經濟學大師西奧多‧Ｗ‧舒爾茨的可能，更不可能有留學美國的機會。

　　在北京大學攻讀完經濟學碩士學位之後，林毅夫赴美留學，開始了「西天取經」之路，並有幸成為舒爾茨的關門弟子。

北京大學招收了個「來歷不明」的學生

林毅夫來到北京後，時任國務院副總理兼國家發展和改革委員會（原國家計劃委員會）主任的余秋里接待了他。林毅夫說想到北京上大學，相關部門先同中國人民大學聯繫，由於人大剛復校沒有住房，便由教育部（原國家教育委員會）出面直接聯繫到北京大學。實際上，早在讀初中時，林毅夫就對海峽對岸的北京大學非常嚮往。那時，學校有位生於北京、長於北京的地理老師楊先生，到臺灣後定居在宜蘭市。這位楊先生把枯燥的地理課講得津津有味，在地理名詞間穿插著許多歷史典故，他的課讓林毅夫了解到許多京城舊聞、北京大學逸事，從而產生了對風雲於「五四」時期的北京大學的無比嚮往。

林毅夫說：「我1971年考進臺灣大學，正逢風起雲湧的海外釣魚臺運動的尾緒，台大學生的思想特別活躍，進校沒有多久，全校班代表聯誼會主席的競選把整個校園搞得熱火朝天。三位候選人中叫得最響的一個口號是『繼承北京大學傳統，發揚北京大學精神』，那時，我是台大大一學生代表會主席，成為各方拉攏的對象，在熱鬧的競選氣氛中對北京大學留下深刻的印象。」「我回到大陸是希望能夠參加工作。可是我想，如果要想真正地很好地參加工作，我應該對這個社會的問題，包括它的意識形態，包括產生這個問題的原因，有更深入的了解。所以我回到大陸以後，就希望進北京大學，把在過去幾十年發展背後的一些零星的問題搞清楚。」

時任北京大學經濟系副主任、辦公室主任的董文俊教授，給了林毅夫這個機會。

當時的情況是，時任北京大學校長的周培源找到經濟系主任、著名經濟學家陳岱孫教授，說有一個從臺灣來的學生想到北京大學讀經濟，現在人已經到北京，住在西直門一家招待所裡等消息。對於是否收下這個「來歷不明」的學生，陳教授也覺得需要處置起見，於是就把董文俊請到家中商量，而商量的結果，則是由董文俊出面，先去和林毅夫談一

談。談話的地點就是位於西直門的那家招待所。初次接觸，董文俊就對這個二十幾歲的年輕人產生了好感，兩人長談了一下午。

當董文俊教授問他為什麼要回到大陸時，林毅夫引用中國先哲的話作了回答，據董文俊回憶，大意是：「士不可不弘毅，任重而道遠，好男兒不能沒有宏圖志向。」

當董文俊教授問他為什麼要到中國來學經濟時，林毅夫回答說：「臺灣回歸是早晚的事，那時，既需要懂大陸經濟的人，又需要懂臺灣經濟的人，我想成為第一個這樣的人。」

「第一印象就覺得，這個小夥子是個正派人，人長得很精神，1.8米左右的大個兒，說話很有禮貌、坦率、直接。他告訴我，來大陸，主要是為了學習和了解大陸的情況，報效國家。我覺得，這是個有追求、有抱負的年輕人，很不錯！」董文俊說。

林毅夫捨家棄業，渡海求學的堅定和執著精神感動了董文俊，也感動了北京大學，儘管北京大學對林毅夫的身世進行一番調查了解，但最終還是讓他獲得了到北京大學讀書的機會。「當時我們分析，收下他最壞的結果，是最後發現他是個特務，可經濟系又沒有什麼重要情報。」30年後的今天，董文俊回想起這件事時，依然感慨地說：「林毅夫很幸運，能夠找到北京大學。正是北京大學的包容精神，接納了林毅夫。他當時沒有考試，就被錄取了。」1980年，林毅夫終於進入神往已久的北京大學。

北京大學破格錄取林毅夫還有一個原因就是他的學業背景。1979年的中國大陸正走出十年動盪的陰影，剛剛確立改革開放的方針，整個國家站在經濟發展新的起跑線上。而此時海峽對岸的臺灣經濟已在加速發展，西方經濟學理論也被引入臺灣，林毅夫在臺灣已經獲得工商管理碩士學位，而那個時候大陸還不知道 MBA 是什麼。

林毅夫在北京大學學的是馬克思主義政治經濟學，這和他在臺灣學的西方經濟學是兩套完全不同的體系。因為林毅夫主要是想研究和了解中國國情，而馬克思主義一直是指導中國革命和建設的經典理論，因

而，林毅夫希望通過了解馬克思主義這個學術體系，從而了解到中國的社會體系。「如果我想在這個地方工作，我不了解這個社會體系，那我就沒有辦法扮演我應該扮演的角色，所以我想學馬列主義是想了解當時的意識形態，了解當時社會制度形成的原因是什麼，所以這個教育對我來講還是非常寶貴的。」況且，北京大學許多老教授傾注了一輩子的心血對馬克思主義做了非常深刻的研究，林毅夫當然希望從他們身上學到許多東西。

成為諾貝爾獎得主的關門弟子

「我當學者有偶然性，要是沒有碰到舒爾茨，大概也就不見得會真正地成為經濟學家。」如今的林毅夫對當年舒爾茨的「知遇之恩」仍心存感激。

1980年，諾貝爾經濟學獎得主、芝加哥大學經濟系教授西奧多·W·舒爾茨和芝加哥大學前副校長、經濟系主任蓋爾·D·詹森到中國訪問，舒爾茨教授在中國最重要的經濟學研究基地——北京大學作了一次演講。

憑著出色的英文和經濟學功底，林毅夫被選為舒爾茨唯一的隨行翻譯。當時正值中國改革開放的起步階段，英語基礎好又懂經濟學的青年不多，而林毅夫同時具備了這兩個條件。他的表現和才氣贏得了舒爾茨的賞識。回到美國後，舒爾茨教授隨即給北京大學校長和林毅夫本人寫信，盛邀林毅夫到美國芝加哥大學經濟系攻讀博士學位。

於是，1982年，林毅夫在北京大學獲得經濟學碩士學位之後來到了芝加哥大學。當時舒爾茨教授已經將近80歲高齡，已經有10年沒有指導過任何博士生。林毅夫入學後，舒爾茨教授破例將其招為關門弟子。

迎來貴賓：諾獎得主舒爾茨來訪

機遇總是屬於有準備的人。這句話用在執著追求自己人生理想的林

毅夫身上再恰當不過。

在北京大學經濟系學習馬克思主義政治經濟學的林毅夫，個人優勢十分顯著，在同學中出類拔萃。他不僅諳熟西方經濟學理論，而且英語很好，特別是口語非常流暢，這些優勢使林毅夫很快抓住了一個脫穎而出的機會。

1980年，剛剛對外開放的中國大陸迎來了一位尊貴的客人，他就是1979年諾貝爾經濟學獎得主、芝加哥大學榮譽教授西奧多·W·舒爾茨。1903年出生的舒爾茨在經濟學研究中取得了突破性的研究成果，被稱為農業經濟學論的發展者、人力資本論的先驅。他當年獲獎時，瑞典皇家科學院賀詞中寫道：「世界上大多數人是貧窮的，所以如果懂得窮人的經濟學，我們也就懂得了許多真正重要的經濟原理；世界上大多數窮人以農業為生，因而如果我們懂得農業經濟學，我們也就懂得許多窮人的經濟學。」作為「發展中國家經濟研究」方面最頂尖的專家，舒爾茨在獲獎第二年就來到世界上最大的發展中國家考察、講學。

來到中國，北京大學作為中國最高學府，自然成為舒爾茨首選的講學之地。北京大學經濟學系始建於1912年，是中國最早建立經濟學科的高等學府，一直以來也是中國最重要的經濟學研究基地。

當時是在改革開放第二年，國家百廢待興，人才匱乏，要給舒爾茨找一個合適的翻譯真讓北京大學領導頗費了一番心思。起初找了一位北京外國語學院畢業的研究生，但因為他不懂經濟，更不熟悉西方經濟學，很多專業詞彙翻譯不出來。既要懂英語又要懂西方經濟學，董文俊教授的腦海裡立即跳出一個合適的人選——林毅夫，於是決定讓他試一試。

舒爾茨的講座最初是安排在一個只能容納100人的教室裡，聞訊而來的學生不僅擠滿了教室，連樓道也擠得水洩不通，並且熱心的學生們還在不斷湧來。一看這情形，董文俊教授趕緊找來後勤人員，叫他們將講座場地換到辦公禮堂。講課前，幾百人從教學樓擁向辦公禮堂，其場景堪稱壯觀。講課開始時，800人的禮堂座無虛席，走道中、舞臺上都

站滿了人。

舒爾茨的講座非常成功，學生們對舒爾茨精彩演講時時報以熱烈的掌聲。林毅夫的翻譯水準當然也得到了舒爾茨的讚賞。據後來林毅夫透露，舒爾茨之所以非常滿意他的英譯水準，還有一個原因，就是舒爾茨喜歡講笑話，而每次林毅夫總能把他的笑話準確無誤地翻譯出來，因此，舒爾茨絲毫不懷疑他的英語水準。林毅夫出色地完成了任務，他沒有想到，他的出色表現、信心和才幹都給舒爾茨教授留下了深刻的印象。他也沒有想到，這個意外的機會，為他打開了通往世界經濟學最高殿堂的大門。他更沒有想到，這個意外的機會竟然為自己未來走向世界搭起了一座橋樑。

有一天，舒爾茨忽然問林毅夫：「你想到美國攻讀博士學位嗎？」林毅夫不假思索地說：「想。」他以為舒爾茨只是隨口說說，沒想到舒爾茨回美國後不久，正式將林毅夫推薦給美國芝加哥大學。能師從諾貝爾經濟學獎得主舒爾茨，是許多經濟學人士夢寐以求的事情，林毅夫對此自然欣喜若狂。

1982年，林毅夫從北京大學畢業，懷揣經濟學系政治經濟學專業碩士學位證書，遠渡重洋，來到了現代經濟學的大本營芝加哥大學，師從舒爾茨，成為其關門弟子，潛心研究農業經濟學。

事實上，在錄取林毅夫之時，古稀之年的舒爾茨已經封門10年，不再招收研究生了。但林毅夫的來自發展中國家的背景，卻非常切合舒爾茨一生致力於研究的農業經濟問題及發展中國家經濟問題的研究方向。因而，舒爾茨非常希望通過這個謙虛好學的青年，將自己的學術成果和經濟思想在世界上最大的發展中國家——中國，得到實踐和運用。從這一點上來說，師徒二人的治學目標是一致的。

如果說舒爾茨是一位慧眼識珠的伯樂的話，那麼，林毅夫無疑是經濟學界的一匹千里馬。事實上，在邁向世界經濟學殿堂的途中，如果沒有舒爾茨這位伯樂的話，就沒有林毅夫的今天，中國乃至世界都將不會出現林毅夫這匹馳騁於經濟學疆場的千里馬。

傳承衣缽　成為關門弟子

　　芝加哥大學創辦於1891年，這所美國最負盛名的私立大學的創辦人是美國石油大亨約翰‧洛克菲勒，洛克菲勒曾捐助過大量的機構和社會組織，但他有一個不成文的「規定」，即在他提供啟動資金之後，這些機構必須自謀生路，結果接受過他捐贈的大多數機構都倒閉了。但在19世紀後期，隨著人口向西部遷移和工業發展，使得遠離發達東海岸的美國中部急需一所頂尖大學，一所堪比哈佛、耶魯的大學應運而生。

　　芝加哥大學以其「宏觀」的教育觀念與實驗精神，奠定了它在美國教育史上的重要地位。芝加哥大學在美國大學的排名榜中，其學術聲譽排名第四。自創辦以來，有近百位校友獲得諾貝爾獎。洛克菲勒曾自豪地說：「我最好的投資就是芝加哥大學。」

　　林毅夫的導師西奧多‧舒爾茨出生在美國南達科他州一個德國移民聚居的農場。22歲時從他家鄉的布魯克林農業學校畢業，以後考入本州州立學院。3年後領到了一張科學學士的文憑。此後，他又進入威斯康辛大學攻讀碩士和博士學位，於1928年和1930年分別獲得科學碩士和哲學博士學位。

　　或許是因為受到廣闊草場和良田沃土環境的影響，或許是受到陪伴他度過孩提時代田園風光的薰陶，舒爾茨對農業經濟學產生了濃厚的興趣。後來，他成為美國農業經濟學領域的一位重要人物。他對農業經濟學所作的突出貢獻，使農業經濟學成為現代經濟學中不可分割的一部分，同時摒棄了把農業問題局限在農業範圍內的傳統。他在經濟發展策略上強調的不是工業，而是農業。他認為，傳統的農業對經濟的發展是作不出很大貢獻的，但是現代農業可以。從發展中國家經濟發展策略的成功與失敗的比較中，可以看到，凡是推行重工輕農的國家無不遭到極大困難，而給予農業足夠重視的國家都取得較大的成績。農業也可以成為經濟發展的原動力。從研究農業經濟中，舒爾茨還提出了人力資本的概念。他認為，在影響經濟發展諸因素中，人的因素是最關鍵的，經濟發展主要取決於人的品質的提高，而不是取決於自然資源的豐瘠或資

本的多寡。由此，舒爾茨被西方資產階級經濟學界稱為「人力資本概念之父」。由於舒爾茨在研究農業以及整個經濟的發展方面作出了突出貢獻，1979年被授予諾貝爾經濟學獎。

1982年，林毅夫來到這個盛產諾貝爾經濟學獎得主，以自由和嚴謹的數理分析著稱的芝加哥大學。芝加哥大學經濟系是全美大學中最好的經濟系，雲集了一大批大師級經濟學家，素以學風嚴謹、學生淘汰率高著稱。當時，林毅夫已過而立之年，國內經濟學教育和國外先進水準差距甚大。況且，林毅夫是從一個研究馬列主義經濟理論的環境下一下子跳到西方經濟學理論研究中。他學習的內容，是從社會主義下的計劃經濟轉變為西方市場經濟，這看起來顯然是兩套不同的邏輯體系，不過，在舒爾茨教授的悉心指導下，林毅夫很快就將它們很好地統一起來了。

在林毅夫看來，馬克思主義是一個邏輯體系，西方市場經濟學也是一個邏輯體系。應該說，對很多問題它們的看法都不一樣。但是，同任何其他學科的學問一樣，它們都是從一個最根本的出發點出發，然後來建立整個的思想體系。在馬克思主義政治經濟學和西方市場經濟體系對照學習的過程中，林毅夫最大的收穫不僅是對市場經濟體系的更深了解，而且，他訓練了一種良好的思維方式，就是知道怎樣深入去觀察問題，怎樣通過問題的表面了解它形成這個現象各種最主要的制約因素是什麼，然後從這個了解當中，形成一個簡單的邏輯體系或者一個理論來解釋這個現象。林毅夫認為，這樣一個理論思維的訓練和理論研究範圍的訓練，是他在芝加哥大學最大的受益。通過這兩種理論體系的對照學習，林毅夫還深刻認識到，在中國，不能簡單地把西方的理論拿來就使用，國外理論可能研究得很深，但它不見得適用於中國，中國的問題必須具體問題具體分析，不能照搬理論教條，要用適合中國特色的理論來解決。

在芝加哥大學，在巨大的挑戰面前，林毅夫付出了超人的努力，他把全部時間和精力投入到了學習和研究中，他沒有節假日，也不分白天黑夜，他幾乎四年沒出過校門。他就從這個西方經濟學的殿堂開始了他

的經濟學家生涯。

「新制度經濟學的經典之作」

在芝加哥大學，林毅夫把中國農村改革作為自己的研究方向。按照林毅夫的說法，作出這樣的選擇有其主觀原因和客觀原因。主觀原因是中國的問題，農村問題是最大的，農民問題是中國現代化要解決的根本問題。如果沒有農村的現代化，就不可能有中國的現代化。客觀的原因是，芝加哥大學有一個不成文的傳統，就是要求外國學生博士論文要寫自己國家發生的問題。在1984年，對中國來講，最顯著的變化就是中國農村改革取得的成功。因此，這不能不引起一向關心農村問題的林毅夫的高度關注。所以，林毅夫以中國的農村改革作為博士論文方向，與中國的現實緊密相連。

林毅夫的選擇得到了導師舒爾茨的高度評價。中國著名的農業經濟學家楊勳在自己的《心路》一書中這樣寫道：「舒爾茨是發展經濟學家，對農業發展和農民現代化有獨到的見解和論著，對當時中國正在進行的農村改革極為關注。林毅夫選擇中國農村改革問題作博士論文，自然會得到舒爾茨的器重和賞識。」林毅夫也這樣評價自己的導師：「舒爾茨教授治學強調經驗事實，並以解決現實的貧困和發展問題為出發點來研究經濟理論。」在實際寫作中，林毅夫傳承了老師實證研究的方法。他在論述經濟理論不能解釋中國的經濟現象時說：「經濟學本該是經世濟民之學，是實用科學 …… 我在課堂上也常講我的導師舒爾茨教授，他曾經考察歐洲從工業革命後到現在近三個世紀的主要社會變革，發現重要的社會變革都會受當時主流思想的影響，可是事後證明這些主流思想經常是錯的。」

為了使自己論文中的觀點來源於實踐，又能指導實踐。1985年，林毅夫專程請求中國著名的農村經濟研究專家、抗日英雄楊紹震的女兒楊勳陪同，前往安徽滁縣（今滁州市）等地進行考察。1981年以後，安徽農村包產到戶的影響越來越大，成為舉國上下關注的重大政治經濟問

題，當時召開的各類學術會議，都在大加讚揚包產到戶的優越性。由於得到安徽省農委和滁縣地委的支持，林毅夫很順利地查閱和抄錄了有關資料，他收集博士論文資料的任務很快就完成了。為了保密起見，安徽省農委沒有直接將那些資料交給林毅夫帶回北京，而是在他回北京後，通過國家農委杜主任轉給楊勳，然後又由楊勳轉交給林毅夫。據楊勳回憶，在滁縣的那些日子，正值8月高溫天氣，由於天氣炎熱，沒有降溫設備，時間和任務又都很緊張，林毅夫把一間有空調的房間讓給楊勳住，而自己住在一間悶熱的小房間裡晝夜不停地整理材料、統計資料。

對這次在安徽農村考察到的包產到戶的成果，林毅夫非常滿意，對農民境況的改變，他興奮得手舞足蹈。「當時我太激動了，一句話，就是上上下下都高興。農民高興，城裡人高興，政府也高興！從1978年到1984年這6年裡，農民人均純收入每年增加16‧5%，城鄉差距縮小了很多，報紙上甚至還說有人跑回農村務農，農民能不高興？農產品大增，城裡人不用再憑票買東西，大大豐富了生活，城裡人不也高興？老百姓都高興，政府就更高興了。」

對這次考察收集到的資料，林毅夫如獲至寶，回到美國後，他奮筆疾書，一氣呵成寫下了題為《中國的農村改革：理論與實證》的博士論文。這篇論文植根於中國農村的現狀，極為關注當時中國正在進行的農村改革，對中國的農業發展和農村現代化有獨到的見解和論述，因而被舒爾茨譽為「新制度經濟學的經典之作」。

一分耕耘，一分收穫，1986年，勤奮努力的林毅夫獲得了豐厚的回報：林毅夫獲得了芝加哥大學經濟學博士學位。在同屆30多個博士生中，他是唯一用4年拿到博士學位的人，而一般學生需5～7年。

芝加哥大學經濟系在全美各大學的經濟系中名列第一，有了這個博士學位，再申請其他名牌大學博士後，就成了順理成章的事。1986年林毅夫同時被幾所大學錄取為博士後，最後，他選擇了耶魯大學。一年後，博士後研究任務也完成了。林毅夫獲得了當今世界經濟學界最令人羨慕的學位和科研經歷。其間，他積極促成中國的農村研究專家和舒

爾茨等國外經濟學者的交流。一系列關於中國經濟改革、中國農村人口轉移、社會保障、糧食貿易與安全等方面的論文在這些學者手中發表出來，中國農村的改革研究在不斷地推進中。

輝煌的求學路上，一個勤奮的學子、一個筆耕不輟的學者、一個在為中國人謀福祉的人，這一連串的身影會聚到一個人身上。

他就是林毅夫，中國人的驕傲！

第一個「海歸」經濟學博士

1987年，林毅夫成為中國改革開放後的第一個從海外歸國的經濟學博士，被稱為中國「海歸」第一人。

20世紀80年代初，隨著改革開放的步伐在逐漸加快，中國迎來了第一個「出國熱」，一些信息靈通、思想活躍的年輕人紛紛拿起書本，惡補數理化，苦練英語口語，趕考托福。那些年出國留學的人大都在國外取得了綠卡，功成名就以後，再也不想回國。在那個人人都削尖了腦袋想要出國、想要留在國外發展的社會大環境下，林毅夫的歸國無疑又是一個令常人難以理解的選擇。

許多人為他惋惜——美國加州大學洛杉磯分校和聖地牙哥分校都給林毅夫正式的教職，他都婉拒了，世界銀行等多家國際機構也給他提供了工作的機會。但林毅夫還是義無反顧地選擇了回國效力。為了方便在國內做研究，回國前夕他花費大量時間、精力和費用收集了30箱英文文獻海運回國。

許多人為此疑惑：作為第一個學成回來的人，中國沒有研究夥伴，沒有人討論和交流，沒有人幫助和激發靈感，甚至資料都難以搜集。你不知道別人都在做什麼，如何做研究，回到中國來肯定毫無成果，還希望能作什麼貢獻呢？

林毅夫說，關於回來的決定，他「一點掙扎都沒有」。他知道可能面對的困難，但作為一個立志要做一個研究真實世界的經濟學家，他更看重中國經濟這個大有作為的研究實體，他相信中國能成為世界上最大

的制度經濟學的試驗場。

除此之外，也是更重要的一點，林毅夫一直相信，對中國經濟現象的研究，有助於中國的進步和未來。所以，他從未懷疑，也從未動搖，時至今日更不曾後悔當初的這個決定。他相信，不管是作為一個經濟學家還是一個中國人，無論是出於理性選擇還是情感趨向，回國研究中國經濟是一件大有作為的事情。「這裡面就關係到了在西方學到的是什麼。如果你是學到現成的理論，然後接受他的結論，想拿這個結論到中國來應用的話，那可能就出現不適用的問題。但是如果你研究的你學到的是研究問題的方法，是一個工具，那麼你就要看這套工具在美國研究問題可能作的貢獻大，還是到中國來研究問題可能作的貢獻大。這個答案非常明顯，在中國研究問題作的貢獻會大，所以，唯一的選擇就是回來。」林毅夫說。

可見，第一個「海歸」經濟學博士，猶如第一個「吃螃蟹」的人一樣，在當時的社會境況下是需要勇氣和膽識的！

當時包括在北京大學經濟系內部，很多師生都在猜測說，當年跟隨經濟學大師舒爾茨去美國留學的那個叫林毅夫的小夥子，肯定是不會回來了。他拿到博士學位，在美國有無可限量的發展前途，況且他的妻子和孩子也都在美國，這是普通人求之不得的事，他怎麼會回來呢？不可能，簡直太不可能了。只有經常和林毅夫通信的董文俊教授堅信林毅夫一定會回國。「我一直堅信他會回來。他不是你們想像的那種人，不是為混出國，把家人帶出去的。他如果是為這個的話，沒有必要冒生命危險採取這個行動（冒險從臺灣游到大陸），我一直堅信這個。」後來，林毅夫自己也說，如果一定要留在美國，當初從臺灣就可以直接去美國，何必要冒險泅水到大陸來？

然而，就在1987年的三四月間，在林毅夫即將回國的一個多月前，董文俊和林毅夫失去了聯繫。「怪了，傳說快要回來了，也不來信，雖然我一直還在對別人說，沒事的，他一定會回來的，但這一個月沒有收到他的來信，我心裡也有點打鼓了。我沒事就想，他要是不回來，那就

太遺憾了。」

就在董文俊也開始懷疑林毅夫是否回來的時候，6月的某一天突然收到林毅夫發來的一封電報，電報說他第二天晚上11點左右到北京。原來在臨回來的最後一個多月，林毅夫突然覺得周圍氣氛有點異樣，他有些擔心安全問題，心想小心為好。直到拿到登機牌之後，才給董文俊發了封電報。

林毅夫從到北京大學求學開始，對外一直謊稱是新加坡華僑，一直不敢公開他的臺灣背景。在美國留學期間，更是對自己的臺灣背景守口如瓶。在同學中，大家都稱他為「Justin」，而不是「林毅夫」，日常生活中，同學之間的交流，也僅限於經濟發展、國家改革之類的與學業相關的話題，誰也不會去追究對方的來歷和背景。只有個別從臺灣來的同學從林毅夫生活中的一些點滴事情中，猜出林毅夫的臺灣背景。不過對此，他已是很小心。

4

大功至偉：
智者不惑　專攻農經

　　林毅夫一心專攻中國農業問題，研究的是「窮人的經濟學」，被人們親切地稱為「新農村之父」，用他自己的話說，「我是農民的經濟學家」。他上山下鄉，到過最偏遠的農村，研究經驗豐富。許多知名的研究者都非常佩服他「苦行僧」般的研究精神。

　　林毅夫為何有著如此濃厚的農民情結？他是如何醉心探索中國農業經濟問題的？他又有著怎樣的願望呢？

充滿農民情結的經濟學家

　　早在美國芝加哥大學讀博士期間，為了撰寫博士論文，林毅夫就曾回到中國農村進行考察，從此與中國的農民結下不解之緣。在林毅夫看來，經濟發展的目的就是要改善民生，最大的問題是如何讓農民富裕起來，只有讓農民過上寬裕的生活，才能保證全體人民共用經濟社會發展的成果。在國務院農村發展研究中心發展研究所任副所長和在國務院發展研究中心農村部任副部長期間，林毅夫一方面不辭辛勞地到農村做實地考察，一方面構建新的理論框架來解讀他所考察到的現象。

記憶裡都是農民的一雙雙眼睛

　　1987年，林毅夫學成歸國，帶回了整整30箱西方經濟學學術資料，為中國經濟學研究提供了基礎。

　　林毅夫最初的打算是回北京大學教書，希望把自己從西方學來的知識奉獻給這所曾經「冒險」破格錄取他的學校。況且，教書育人，本來就是一件非常光榮的事。他想通過這樣的方式為大陸多培養一些經濟學方面的人才。

　　但一件小事卻讓林毅夫同北京大學擦肩而過。20世紀80年代，剛剛遭受「十年浩劫」的北京大學還是百廢待興，許多被擱置的事都要等著慢慢理順，一切從頭開始。當時北京大學資金還很匱乏，蓋教工大樓的事一時半會兒還提不上議事日程，許多執教幾十年的老教師都還沒有解決住房。林毅夫此次回到北京大學，與四年前單槍匹馬的他完全不同，此次同他一起回國的，有他的妻子和兩個孩子。房子當然成為他最關心也是他最希望能夠解決的問題。然而，當時北京大學實在是住房緊缺。為了林毅夫回北京大學的事，董文俊曾四下奔波、活動，他甚至專程跑到校黨委書記那裡要房。但書記兩手一攤，苦笑而無奈地說實在沒有房子，是否能暫時克服一下。

　　與此同時，林毅夫的妻子陳雲英回國後求職就業並不順利。陳雲英

第四章　大功至偉：智者不惑　專攻農經

是美國華盛頓大學特殊教育學博士。那時，中國剛改革開放後不久，很多機關單位對海外留學博士還很陌生，國家也沒有訂出關於留學博士怎麼安置的政策。加上陳雲英學的特殊教育學專業，那時在大陸還沒有興起。剛回國那一陣，陳雲英的身分還是「僑胞」，她說：「我還是看到了國內特殊教育的困難，我自己的眼睛告訴我，這裡是特別需要我的。」回國後的第二年，即1988年，她任職中央教育科學研究所，並創建了特殊教育研究室，成為中國「特殊教育第一人」。

而剛回國的那半年時間，她卻是處於「待業」的狀態。為了就業，那半年時間她幾乎每天都往當時的國家教委跑。她自己去教育部（原國家教育委員會）的特殊教育處，尋找工作機會。沒有工作安排，她就給他們義務做翻譯，中英文都做。教育部國際司考察團到來，她就義務當陪同，時間長了，當時的國家教委有會議都讓她參加。但畢竟不是正式職工，任何福利待遇都無法享受，僅僅只是為今後的工作積累人脈而已。

沒有住房肯定不行。與北京大學匆匆錯過之後，林毅夫又面臨了新的選擇：是做學者搞研究，還是從政為官？

很快就有兩個機構向林毅夫拋出了「橄欖枝」：一個是國務院農村發展研究中心，邀請他到發展研究所任副所長。一個是當時國家教委，邀請他到國際合作司當司長。

早在20世紀80年代初，還在美國攻讀經濟學博士學位的林毅夫，一次下鄉的經歷，讓他把農民永遠裝進了心中，在他看來，中國的農村「距離現代化的目標非常遠」。這一直激勵著林毅夫努力工作，希望他們過得越來越好。而且，振興中國，為億萬人服務，本身就是林毅夫一生的志向。在林毅夫看來，中國實現現代化的關鍵在農村。在林毅夫的心中，他一直希望億萬農民的生活越來越紅火，深受中國傳統文化薰陶的他從小就立志要為億萬人服務。

基於這樣的考慮，林毅夫最終作出決定，他選擇了前者，他希望實現自己心中的學術夢想。

1987～1990年，林毅夫任國務院農村發展研究中心發展研究所副

所長，1990～1993年，調任國務院發展研究中心農村部副部長。在這7年中，上山、下鄉對林毅夫來說是再平常不過的事。他到過中國最偏遠的農村，許多人都佩服他「苦行僧」般的研究精神。儘管經常到基層去考察，但被問及「對農村的了解能打多少分」時，林毅夫只給自己打了一個及格分。「因為，改變中國的農村還有很長的路要走，還要做很多努力。」而歷次到農村考察，讓林毅夫印象最深的就是農民的一雙雙眼睛。「記憶裡到處是他們的眼睛。他們的眼睛看著你，流露的眼神那麼淳樸善良，很單純的眼神告訴你，他們想過上好日子，希望你能給他們解決各種問題。」正是這種刻骨銘心的記憶，正是這種對貧苦農民的深情，一直激勵著林毅夫努力工作，絲毫不敢懈怠。在隨後20多年的工作中，他對「三農」的關注一刻也沒有停止。「如果了解中國的現代史，了解中國的社會、經濟結構就會發現，農村是中國現代化過程中最關鍵的問題。窮人絕大部分在農村，解決了農村的問題，不就解決了中國的貧困！解決了中國的貧困問題，也就解決了世界貧困的一大半。」傳承「窮人經濟學」的林毅夫，始終以關注窮人的視角去看窮人。

在國務院農村發展研究中心和國務院發展研究中心農村部任職期間，林毅夫的工作主要是以農村問題作為主要切入點，研究農民的問題、農村生產力發展的問題、農村金融發展的問題以及農村勞動力轉移的問題。但是後來這個問題研究越來越廣，他很快發現中國農民問題的解決其實不僅是在農村內部，還要依靠整個國民經濟的發展。

這期間，他對中國發展轉型中遇到的諸多問題如農村問題、糧食問題、通貨膨脹問題等都進行了研究，並將研究的成果作為政府高層決策的參考。在此期間，他著述頗豐，在中國乃至國際學術界都造成了極大的影響。

解讀現象　成果卓著

林毅夫認為，經濟學理論是從實踐中抽象出來，用以說明社會經濟現象背後的幾個主要經濟變數之間因果關係的邏輯體系。他先是從經濟

學中最基本的假設前提出發，根據特定社會具體的社會經濟變數構建嚴謹的邏輯體系來分析解釋所觀察到的社會經濟現象；同時，從這一邏輯體系彙出能經得起實際資料檢驗的假說，從而構建了一個有生命力的經濟學理論體系。

1990年，林毅夫關於1959～1961年中國大饑荒的論文《集體化與中國1959～1961年的農業危機》在國際頂級經濟學雜誌之一的《政治經濟學》期刊上發表，引起了強烈的反響和爭議。在這篇論文中，林毅夫對「1959～1961年農業大危機和大饑荒」「農業監督問題和家庭聯產承包責任制改革」「中國農業生產率變化」等問題都有較為深入的研究。比如，對1959～1961年中國發生的三年自然災害，傳統觀念一般從供給角度考慮問題，將糧食產量的劇烈下降作為造成這次大饑荒的唯一原因。

林毅夫對這一觀念提出了質疑，他認為，除了糧食產量下降外，中國當時所採取的城鎮居民優先的糧食分配政策也是導致大饑荒的重要原因。林毅夫和他的合作者杜克大學的楊濤教授使用1954～1966年中國28個省的時間序列和各省資料進行了分析。分析結果表明：政策因素比糧食減產所引起的作用更大。從而反駁了傳統的食物供給不足是導致饑荒的唯一原因的理論。

傳統的農業合作社理論認為，集體生產中社員得到的激勵很高。而經驗觀察則表明，改革前中國農村集體經濟體制下社員的生產積極性卻很低。經過研究，林毅夫認為，這是由於傳統模型忽略了集體生產中對勞動監督的必要性和監督的成本。在其所撰寫的《中國農業家庭責任制改革的理論與經驗研究》一文中，林毅夫把勞動監督和監督成本引入了模型中，發現在生產隊中，社員勞動的積極性同監督的準確程度和監督的難易程度密切相關，監督越準確、越容易，則社員勞動的積極性就越高。而在農業生產中，由於對勞動的監督非常困難，監督的準確程度很低，結果當時的分配制度實際上導致了平均主義，因而對勞動的激勵低下，從而扼殺了勞動者的積極性，導致了傳統農村經濟體制的低效率。因此，要提高農業生產的效率，重要的是要建立一種與農業生產過程相

適應的生產機制，而家庭聯產承包責任制就是這樣一種制度。家庭聯產承包責任制的優越性在於農民為自己生產，因而生產的積極性也就高。隨後林毅夫又用經驗資料檢驗了上述理論模型，經驗結果與理論預期基本一致。

關於引起1978～1984年中國農業高速增長的主因，理論界有不同意見。在《中國的農村改革與農業增長》論文中，林毅夫根據1970～1987年農作物的投入和產出資料及各種政策變數，證明了1978～1984年中國農業生產率增長的主要原因來自制度改革，即生產制從集體制向家庭聯產承包責任制的轉換。而1984年以後中國出現了農業生產增長速度放慢，農民收入增長停滯，城鄉差距再次擴大，同時地區性收入差距擴大，糧食市場價格大幅度上漲等問題。林毅夫認為，這並不是由於中國的農業生產出現了問題，而是在傳統的計劃經濟體制向社會主義市場經濟體制過渡的過程中市場發育不健全、政府的政策不配套所造成的。解決這些問題的主要措施是建立全國統一的大市場，避免不當的政策干預，進行以育種為中心的農業科學技術研究，為了促進農村發展，政府要堅決取消統購統銷及地區糧食和食品的自給政策，改革戶籍制度、土地使用制度和金融制度，加強基礎設施建設、農村教育和市場的軟體建設。

1993年、1994年中國糧食價格兩次大幅度上漲，引起了各界的關注，一些學者預測中國在未來將導致全球性的糧食危機，針對這些觀點，在《中國的糧食經濟》一文中，林毅夫對中國未來的糧食需求和供給作了預測，結果表明，中國在未來10年裡對糧食的進口將穩步增長，預計到2000年時的進口量將比歷史上高將近3倍，但隨後，中國糧食的進口將穩定下來，中國既不會吃光世界糧食，也不會成為主要的糧食出口國。

為了深入研究農業問題，1991年10月，國務院發展研究中心、農業部和國家科學技術委員會聯合成立了「中國農業科技優先序」課題，林毅夫負責率隊執行這項歷時3年之久的調研工作。他們奔赴了除西藏、臺灣之外的29個省、自治區、直轄市，進行「關於目前中國農業生產中存在的主要問題的問卷調查」和「關於目前中國農業科研與潛力的調

査」。隨後，課題組進行了「關於用農業科技方式解決目前中國農作物生產中存在的主要技術性制約因素的前景的調查」，以獲得對科研成功可能性估計的第一手資料，為評估農業科研項目的經濟效益以及優先序的最後確定奠定了基礎。

1992年，林毅夫在《美國經濟評論》上發表《中國的農村改革及農業增長》一文，成為一段時間內發表於國際經濟學界刊物上被同行引用次數最多的論文之一，美國科學資訊研究所為其頒發了經典引文獎。這兩篇文章奠定了林毅夫在國際發展經濟學和農業經濟學界的地位，一些歐美的中國問題研究機構視林毅夫為中國農業經濟與社會問題的權威，屢次邀請他出國訪問研究。

1993年，年過四十的林毅夫和年逾花甲的吳敬璉同時獲得中國經濟學界最高獎──「孫冶方經濟學獎」。1993年，林毅夫又被授予國家級有傑出貢獻的青年科學家稱號，同年他獲得美國明尼蘇達大學國家糧食和農業研究中心政策論文獎，以及美國中國經濟學會授予的終身成就會員榮譽。

1993年6月，林毅夫和中國社會科學院人口研究所研究員蔡昉、中國社會科學院農村發展研究所副所長李周共同完成了以「比較優勢戰略」理論模型闡釋中國改革的專著《中國的奇蹟：發展戰略與經濟改革》，3個月內銷售一空，成為了解中國經濟改革的一本必讀書，此後暢銷10年。

北京大學中國經濟研究中心編撰的《林毅夫教授經濟思想述評》一書中稱，對中國農業經濟問題的研究，集中體現了林毅夫在農業經濟學、發展經濟學和制度經濟學領域的貢獻。他的開拓工作在國際經濟學界掀起了越來越強大的研究中國經濟問題的熱潮。

對經濟問題的本土化研究

對於經濟學是什麼的問題，林毅夫認為，經濟學歸根結底是「經世

濟民」的學問。因此，他認為經濟學研究不僅要具有理論高度和說服力，更重要的是，要緊扣一個國家的實際和生活實踐。所謂「經世濟民」是建立在對一個國家的社會特別是廣大人民的生活現狀的了解上的。

在林毅夫的頭腦中有兩套經濟學理論體系，一套是馬克思主義政治經濟學，一套是西方經濟學。同時，他還喜歡研究中國歷史，中國古典文學功底深厚，這使他在研究中國問題時能夠做到遊刃有餘，給人理論功底深厚的感覺。早在1988年，林毅夫就構建了一套「本土化」的戰略體系——比較優勢戰略理論體系。他認為這一「本土化」的理論體系能夠更好地解釋許多出現在發展中國家和轉型中國家的問題。

經濟學——經世濟民的科學

林毅夫早年受中國傳統文化的薰陶是如此之深，以致儘管他是一位深受西方經濟理論浸潤的「海歸派」，他在談論經濟學時，絲毫看不出言必稱歐美、滿口西方術語的作派，倒是時不時精闢地引用諸子百家的經典，以儒釋道的觀點來詮釋經濟學的觀點。在他身上，中國傳統文化與西方文化，巧妙地融合在一起了。

談到經濟學理論的繼承和發展問題時，林毅夫說：「我一直主張進入世界看世界。經濟學研究必須從變動的現象出發，觀察其背後的理論。就像孔子在川上的歎息，『逝者如斯夫，不捨晝夜』，真實的世界是無時無刻不在變動的，而理論一被提出來就變成了老子所說的『前識』，如果把現有的理論當作必須遵守的真理，就會犯了老子所說的『前識者，道之華，而愚之始』。」

在回答中國20世紀50年代初期出現的集體生產隊，為什麼會出現「磨洋工」，十一屆三中全會後實行的包產到戶為什麼會提高生產效率這個問題時，林毅夫從中國古代的井田制裡找答案。他說，《呂氏春秋・審分》裡面記載的「公作則遲」「分地則速」所反映的，不就是一個生產者在監督困難的情況下，根據不同的制度安排，所作的最優選擇

嗎？

　　在內心深處的傳統文化情結驅使下，林毅夫始終關注著中國的經濟現象研究，很早就開始致力於「經濟學的本土化」。在林毅夫看來，研究中國的經濟問題，一定要在中國「本土情景」中展開，結合本土的具體情況進行。如果對國情沒有切身的體驗，提出的理論只能是隔靴搔癢。「當代經濟學的研究中心在美國，理論研究也主要是針對美國為主的發達國家的經濟現象。但是，這些理論不見得適用於像中國這樣的轉型中、發展中的國家。」

　　那麼，如何在中國的「本土情景」中展開研究？林毅夫認為，除了學會西方的分析方法，掌握數學工具，培養經濟學直覺以外，最根本是要「有文化」。他所指的這個「文化」就是指的中國傳統文化以及中國的具體國情。而經濟學家的研究，必須立足於現實社會、具體國情。一個好的經濟學家，必須對中國的歷史、文化、社會有深刻的了解。因為經濟現象總是發生在活生生的現實中，由於發展階段、文化傳統、社會制度不同，在西方必須保留在理論模型中的變數，在中國不見得重要；在西方可以捨掉的變數，在中國不見得就不重要。一個變數到底重要不重要，不能從數學模型的推導中得到，只能從個人對社會的了解中得來。如果人文素養不足，就很難掌握住這個時代給予我們的機遇。

　　過去的30多年裡，中國的改革所取得的成就為世界所矚目，從經濟上看，這使得中國成為僅次於美國、日本的全球第三大經濟體。在這些輝煌的成就背後，還蘊藏著一系列需要明察的問題，林毅夫毫不避諱、一針見血地指出，我們的市場經濟體制尚不完善，國民經濟發展還存在一系列的問題。直接面對問題，直接面對中國的現實，這對中國的經濟學家來說，是一個莫大的挑戰。因為，對於解決改革中出現的問題並沒有現成的理論可以照抄照搬，我們的實踐是前無古人的，只能依靠我們自己不斷探索，用鄧小平同志的話說，我們必須「摸著石頭過河」。因此，在林毅夫看來，參與中國改革問題的研究，也迫使研究中國經濟學的學者們必須不斷地思考一些屬於現代經濟學中最為前沿性的問題。而

傳奇學人 林毅夫

只有真正切中中國經濟的脈搏，才能真正做到「經世濟民」。

　　林毅夫認為，作為學者就是建言獻策，要跟政府決策者的思維方式保持一致。一個好的學者在研究問題時，一定不要從現成的理論出發，而要先直接看問題是什麼，而一個好的決策者，必須做到解放思想，實事求是。對此，林毅夫說：「經濟學不是冷冰冰的數學公式，而是『經世濟民』之學。我希望自己的研究能夠為決策者提供實事求是的參考意見。」

「知識份子」的勤奮與人格

　　林毅夫，一個勤奮鑽研的知識份子，在他身上，保留著知識份子的獨立人格。對於一個在經濟學研究上取得了傑出成就的學者而言，林毅夫從不認為自己比別人聰明，他說他之所以取得了一些學術成就，不過是因為付出了比別人更多努力和心血。

　　熟悉林毅夫的人都知道，林毅夫最大的特點就是「忙」，人們看見他時總是在工作。白天忙於社會活動，晚上則忙於寫經濟學論文。

　　具體到經濟學研究，他曾經總結道：經濟學是社會科學，所以治學者首先要深入真實社會現象，其次要有嚴格系統的學科訓練。只有這樣，才能對社會經濟問題產生較好的悟性，才能準確地把握事物的本質特徵。林毅夫所說的這個「悟性」，說到底來源於勤奮鑽研。

　　作為一個知識份子，要有高度的社會責任感，只有高度的社會責任感才能驅使一個人不斷地奮力前進。振興中國，為億萬人服務，是林毅夫一生的志向。在林毅夫看來，中國實現現代化的關鍵在農村。在林毅夫的心中，他一直希望億萬農民的生活越來越紅火，深受中國傳統文化薰陶的他從小就立志要為億萬人服務。林毅夫說：「以前孫中山曾經講過，一個年輕人，如果你有千萬人的能力那你的心就應該為千萬人服務，如果你有億萬人的能力的話，你就應該為億萬人服務。中華民族的復興，肯定是要億萬人的復興，而且我認為，億萬人的復興對這兩千萬人的復興或是興盛，也會提供一個更好的條件。所以，我到大陸來，能

夠為億萬人服務，也同時為臺灣的兩千萬人服務。」

作為一個知識份子，他窮其一生而不停歇的動力，離不開擔當社會責任的儒家情懷。林毅夫是一個受中國傳統文化思想影響很深的人。林毅夫從小家境貧困，父母教育他，凡事要懂得禮讓，要以他人為先。在家裡，林毅夫和哥哥姐姐們總是相互謙讓。長大後，與鄰里、朋友、同事相處時常常去幫助別人。當自己和他人的利益發生衝突時，總是先他人；當小的單位利益和更大的群體利益發生衝突時，總是會放棄小的單位利益……「仁，是什麼呢？一般人都會把自己的身體當作自己，以自己身體為界限作為自己追求的目標。但儒家傳統認為，你的心所能感覺到的，都是你的一部分。這就是『小我』和『大我』之別吧。」林毅夫這樣解讀儒家文化中「仁」的含義。林毅夫從小就很崇拜李冰父子。回國後，他特意跑到都江堰邊，去聆聽洶湧澎湃的江潮，憑弔李冰父子在兩千多年前建立的偉業，感受李冰父子當年修建都江堰時的場景。並對此感慨道：「一個人要對社會有所貢獻，而且做的事情要經得起時間的考驗。」

林毅夫在1987年回國之初，他的「看家本領」是用在美國學到的經濟學最前沿的理論解釋中國改革發展中出現的問題。但很快他就發現，主流經濟學在解釋「中國特色」的問題時，顯得蒼白無力，牽強附會。於是，他嘗試根據自己對中國經濟現象的觀察與思考，從經濟學最基本的理性原則出發，構建符合中國特色的理論模型。1988年，他創立了比較優勢戰略理論體系。這一理論體系的精髓是：一個國家按照自己的發展戰略所要優先發展的產業，必須與本國的要素稟賦相適應。從1988年至今，人們越來越清楚地看到，相對於國際經濟學界通行的理論，比較優勢戰略理論體系對中國經濟改革發展現實的認識和判斷更有說服力，而且這一「本土化」的理論體系能夠更好地解釋許多出現在發展中國家和轉型中國家的問題。

5

學者在征途：燕園挑戰者

　　1994年，林毅夫與易綱、海聞等幾位「海歸」經濟學者一起發起成立了北京大學中國經濟研究中心。經過十多年的發展，中國經濟研究中心已經成爲國內最爲活躍的經濟研究「聖地」。這裡，聚攏了一大批國內外最優秀的經濟學人；這裡，發出了許多關於中國重大的社會、經濟問題的決策的最強的聲音；這裡，是中國經濟發展新銳思想的辯論陣地；這裡，是培養適應中國經濟發展最緊缺的人才的搖籃。

　　在從事科研之餘，教書育人是林毅夫樂在其中的一項神聖使命。當初，在創辦北京大學中國經濟研究中心時，林毅夫曾經預言，「我們的這些學生也同樣是坐在了金礦上，隨著中國經濟的發展，他們中將會有人成爲諾貝爾經濟學獎的獲得者。」

創辦北京大學中國經濟研究中心

孔子為了推行他的政治主張，積極從事教育，興辦學府，廣招學生，打破了「學在官府」的教育壟斷的局面。在他的廣泛推行下，儒家思想演變為整個封建社會兩千多年來的正統思想。

林毅夫認為，唯有發展經濟才是謀求兩岸和平統一的路徑。而中國要進行現代化建設，光靠一己之力是遠遠不夠的，它需要的是一群人。為了實現這個目標，林毅夫聯絡幾位海歸學者，創辦了中國第一個由歸國學者成立的獨立研究機構。該中心不僅培養人才，而且成為研究中國經濟問題和經濟現象的重鎮，對中國許多重大的經濟問題和社會問題的決策，都有從這個中心發出的最強的聲音。在他們的努力下，朗潤園，這個北京大學中國經濟研究中心坐落地成為中國經濟學界「高人」的會聚地，北京大學國際 MBA（北大國際）成為中國最具價值商學院。

北京大學學術「特區」

1993年，中共中央十四屆三中全會明確了要建立社會主義市場經濟，在這樣的時代背景下，林毅夫離開了國務院發展研究中心，在北京大學成立中國經濟研究中心。林毅夫是這樣解讀創辦這個機構的初衷和意圖的：「我覺得中國的現代化需要的不是一個人，它需要一群人，我們已經進入社會主義市場經濟體系，那我們就要訓練出一批懂市場經濟體系的年輕人，我們要訓練他們的話，就必須要有一群能夠真正研究中國問題的學者，來研究中國的現象，再形成新的理論來教育學生。另外，到北京大學中國經濟研究中心，並沒有切斷我對政府建言獻策的這個管道，只要有好的建議，政府也會採納的。當時目標很明確，有三個目標。第一個就是提供一個現代的經濟學的教育。第二個是深入研究中國的現實問題，然後提出政策建議，進行理論創新。第三個是推動我們國家經濟學界跟國際的交流，一方面去了解國外的，同時也讓國外了解中國的。」

1992年8月，林毅夫、易綱和張維迎分別從北京、美國和英國趕到海南，參加一個經濟學研討會。一番充滿激情的商量和探討之後，他們決定創辦一個獨立於政府的、專門吸收歸國學者進行研究和教學的機構，他們把這個機構的辦公地點定在北京大學，因為北京大學是中國的最高學府，而且，林毅夫、易綱都是北京大學畢業生。他們給這個機構取名為中國經濟研究中心，這是中國第一個由歸國學者成立的獨立研究機構。

1994年8月17日，經北京大學第347次校長辦公會議研究，決定成立北京大學中國經濟研究中心，任命林毅夫為中心主任，易綱和海聞為中心副主任。北京大學中國經濟研究中心的宣傳資料說：「這位芝加哥大學經濟學博士、諾貝爾獲得者舒爾茨的弟子，為了在中國建立一座像世界經濟學『重鎮』芝加哥大學經濟系那樣的學術機構，醞釀了多年。現在，終於和同歲的海聞、36歲的易綱、35歲的張維迎走到了一塊，實現了願望的第一步。」這樣，離開北京大學12年的林毅夫以研究中心主任的身分，回到了北京大學。

同月下旬，林毅夫離開工作7年的國務院發展研究中心，正式到北京大學中國經濟研究中心工作。易綱、海聞、張維迎、張帆、余明德等海外留學回來後陸續到該中心工作。9月，該中心為北京大學經濟學院和管理學院開設了宏觀經濟學、微觀經濟學、計量經濟學和發展經濟學四門課程，從此成為中國經濟人才智庫。

1995年3月，在北京大學、世界銀行、美國福特基金會、洛克菲勒基金會、德國諾曼基金會的支持下，北京大學中國經濟研究中心舉辦了成立大會。1993年諾貝爾經濟學獎獲得者道格拉斯·斯諾、1999年諾貝爾經濟學家羅伯特·蒙代爾在成立大會上作了專題學術報告。95歲高齡的北京大學經濟學元老陳岱孫也作了演講。

客觀地說，雖然北京大學中國經濟研究中心在成立之初就被當作北京大學學術「特區」，是經濟學陣地最前沿思想的發源地。但萬事開頭難，儘管在成立之初北京大學很想支持這群年輕人的首創之舉，但當時北京大學既沒有房也沒有錢，只能提供簡單的辦公設施，艱難程度可想而知。林

毅夫為了籌款到處遊說，他的哥哥林旺松、世界銀行、福特基金，都曾是他遊說的對象，並且都對他提供過幫助。1996年，林毅夫的哥哥林旺松在他捐資成立的獎學金頒獎儀式上說：「我不了解我弟弟的研究，但我知道他做的事情一定對國家有利，我會盡我所能幫助他的事業。」

在北京大學中國經濟研究中心成立之初，當六位「海歸」博士坐在簡陋的北京大學老教學樓109號辦公室，堅信這是一塊「孵化」未來中國諾貝爾獎獲得者的熱土時，在這座教學樓的兩間半辦公室裡，每天學生老師來來往往，擁擠不堪，那時，許多媒體一面懷著興奮的心情表達對這個機構的厚望，一面卻又用保留的態度關注林毅夫等人「開創中國經濟學家世紀」的豪言。而「下個世紀將是中國經濟學家的世紀」這是北京大學中國經濟研究中心成立之初林毅夫發出的一句豪言，當初，幾乎所有的人都只是把它當作一句祝詞。誰能想到，北京大學中國經濟研究中心的各位元老卻把它當作該中心的研究目標，並為之開始了不懈的努力和實踐。

1998年，時任北京大學校長的丁石孫教授，在一次公開的學術活動中，盛讚創辦北京大學中國經濟研究中心的林毅夫道：「我非常高興地看到，年輕人的夢想能夠得以實現。每個人年輕的時候都有自己的夢想和對未來的憧憬，但是，許多人僅僅停留在夢想階段，很快就忘記了自己的夢想。然而，林毅夫卻是一個有了夢想之後努力去實現夢想的人。今天看到北京大學中國經濟研究中心辦得這麼好，感到十分欣慰。」

林毅夫曾將自己歸入鴉片戰爭後的第六代知識份子。第一代是清朝「師夷長技以制夷」的林則徐、魏源等人，第二代是發動「維新變法」的康有為、梁啟超、嚴復等，第三代是發動辛亥革命的孫中山，第四代是新文化運動時期的陳獨秀、李大釗等人，第五代是成立了新中國的毛澤東，以上五代人，經歷了向西方學習物質技術、政治制度、文化民主、革命理論的過程。林毅夫認為，與第五代相比，他們這一代只是向西方學習一種研究方法。

「西方的理論和經驗在我的知識結構中不起決定作用，而現在恰恰

是中國自身的經濟發展已在世界上創造了奇蹟，我們要做的是研究它並且提升它為理論。」當初林毅夫決定回國時，曾有人勸他：「回國後就很難見到珍貴的文獻了，對研究不利。」林毅夫則回答道：「我從來就不是從文獻出發的。」

朗潤園：中國學界「高人」會聚地

北京大學研究中心現在的辦公地點坐落在朗潤園。朗潤園是一個不平凡的地方。它的前身是清朝嘉慶時期慶親王永璘的賜園，最初是叫「春和園」，咸豐年間改賜恭親王奕訢，並改名為「朗潤園」。光緒二十四年（1898年）奕訢去世後，朗潤園被內務府收回，一度用作赴頤和園上朝的諸臣召開會議的地方。宣統末年，溥儀因擔心遭到軍閥的破壞，又將朗潤園改賜給他的叔叔——光緒帝同父異母的弟弟載濤。新中國成立後朗潤園劃歸燕京大學，也就是現在的北京大學所有。

最初在尋找辦公地點的時候，林毅夫通過學校的基建部門找了幾處地方，最後相中了這座廢棄的三進老式宅院。這裡房屋因長久閒置已經破舊不堪。林毅夫個子高，一下躍上牆頭，張望了一番後說，這地方好，夠大。按照林毅夫的解釋，清華跟朗潤是對稱的，這兩個地方的取名得之於唐玄奘的《大唐聖教序》裡面的一個排比句：「松風水月，何足比其清華；玉露明珠，豈能方其朗潤。」這兩個園都是在圓明園旁邊的皇家花園。1860年英法聯軍火燒圓明園的時候，朗潤園近在咫尺，但幸運的是沒有遭到破壞。

1995年10月～1997年5月，中國經濟研究中心籌資對朗潤園進行了全面修繕和擴建。工程竣工後，北京大學特意立碑以紀其事。學界泰斗侯仁之先生與考古學家張辛教授合撰《重修朗潤園記》，追憶朗潤園的歷史，敘述修復的原委和經過，成為朗潤園修葺一新的最真實的記錄。碑文由張辛教授手書於其上。這塊碑文現在放在園中的「致福軒」前。致福軒是清代恭親王的起居處，「致福軒」三個字為咸豐皇帝御筆親題。因此，到朗潤園的遊人，每到此處，往往會駐足，瀏覽該碑文。

經過修葺後的朗潤園，綠樹花草呈現出一片春意盎然的景象，樓臺亭閣展現出其歷史的悠遠，其古雅秀麗被稱為「全世界最美麗的經濟研究機構」之一。

朗潤園網羅了一批「武功高強」的經濟學大師，在中國的經濟界各領風騷。在一些熱點、關係國計民生的問題，諸如糧食、土地、農民工、醫療改革、住房等重大決策中，北京大學中國經濟研究中心都發出了最強的聲音。朗潤園成為中國經濟學界「高人」的會聚地，因而被稱為中國學術界的「少林寺」。如今，朗潤園創辦者們，都已經成為中國經濟學界最閃耀的一代。如林毅夫現任世界銀行副總裁兼首席經濟學家；易綱現任中國人民銀行副行長，國家外匯管理局局長；海聞現任北京大學副校長；張維迎現任北京大學網路經濟研究中心主任；周其仁現任北京大學國家發展研究院院長。他們都是當今中國大陸經濟學界的主流經濟學家。而當年的海歸博士胡大源、楊壯、梁能、張佳利、項兵、盧鋒、張黎、馬浩等也分別擔任著北大國際和國內多家著名商學院的重要領導職務，成為深受北京大學國際 MBA 學生愛戴的一代名師，他們在教學和科研方面都頗有建樹。

2001年，北京大學中國經濟研究中心發生了一件不得不提的事——其標誌性大樓「萬眾苑」落成。該樓是由臺灣商人萬眾先生捐資200萬美元興建的。該樓之所以取名叫「萬眾苑」，一是為了銘謝萬眾先生的慷慨義舉，二是取「萬眾一心，眾志成城」之意。當初，為了多培養人才，急於擴建校園的林毅夫，在一次香港開會之機，邂逅臺灣商人萬眾先生。當萬眾先生聽了林毅夫一番宏偉的構想，並隨同他前往北京大學中國經濟研究中心考察後，欣然同意無條件捐贈。

萬眾苑建好後，以萬眾樓為中心，形成了一個相對獨立的庭院。苑內全部採用中國古典庭院式寶頂建築，整個院落以恢復朗潤園古建園林為主要風格，所有建築遊廊連接，環境優美，與北京大學中國經濟研究中心古色古香的建築相得益彰，成為燕園的又一處美景。2001年10月16日，林毅夫深情滿懷地寫下了一篇《萬眾苑記》：「萬眾苑位北京大學

未名湖北，昔日皇家園林朗潤園內，與圓明園一牆之隔，為中國經濟研究中心新建辦公院落，凡正屋、樓閣、軒房、廊屋共一二九間，與致福軒迴廊、曲徑通幽，假山錯落，花木扶疏，小橋映帶，湖水環抱，亭臺樓閣，綠樹掩映，既有江南園林之古韻，又富皇家殿宇之神采，留連四顧，撫今追昔，心悅之餘，不禁慨然……」

2008年10月25日，林毅夫在動員了社會各方力量，在徵得北京大學領導的肯定與支持，尤其是國際關係學院院長王緝思教授、時任光華管理學院院長張維迎教授、法學院院長朱蘇力教授、政府管理學院常務副院長傅軍教授的高度認同和熱情肯定，以及爭取到溫家寶總理和國家發展和改革委員會、教育部領導的肯定與支持之後，這所成立15年的北京大學中國經濟研究中心升級為「北京大學國家發展研究院」，成為連通東西方經濟研究的橋樑。

新任國家發展研究院院長周其仁在闡述從經濟中心到發展研究院的歷程時進一步表示，冠名「國家」二字，是因為發展研究院有志研究在國家發展當中面臨的重大問題，研究以人民為本位的國家發展。周其仁教授對該研究機構進行了高度的肯定，他說，全球這麼多國家，為什麼有些國家發展得好，有些發展得不那麼好，這是經濟學持久的興趣和關懷所在。作為北京大學的一批知識份子，我們有志於繼承傳統，探討當代國富的道理，也就是研究人民本位的國家發展，為中國的現代化事業作出我們力所能及的貢獻。而這種志向就意味著立足於經濟學研究基礎，主動與其他學科結成更密切的合作關係。由此，擴大研究領域，嘗試不同學科間的知識交叉與融合，形成一個綜合性的知識和思想的新集結，方可更好地把握以人民為本位的國家發展這一中心議題。

回想當初林毅夫爬上坍塌的院牆勘探地勢時，不知他是否預料到了這裡將要開啟的是一番怎樣激動人心的事業！

中國最好的國際商學院

1998年，北京大學國家發展研究院拿下了一個中外合辦的國際

MBA 項目，成為北京首家獲得經國務院學位辦批准的中外合辦項目的機構。1988年1月8日，在《中國青年報》的頭版頭條上出現了「上北京大學，拿美國 MBA」這樣一則廣告，這是北京大學國家發展研究院為北京大學國際 MBA 項目啟動撰寫的宣傳材料。為培養適合本土化發展的人才，代表北京大學與美國26所商學院組成教育聯盟合作，創辦了北京大學國際 MBA 項目，即北京大學中國經濟研究中心負責日常招生、教學、培訓及管理工作，而由外方授予學位、參與辦學全過程，並派出教授承擔主要教學任務的「學位模式」。北京大學國際 MBA 採取的這種中外合作的辦學方式，在當時尚屬首創，是國務院學位辦於1997年批准的北京第一個中外合作工商管理碩士項目。

這種中外合作的辦學方式，是以林毅夫為首的研究院的老師們經過深思熟慮，考察比較後想出來的。

20世紀90年代初，隨著中國改革開放的深入，國內企業、跨國公司和中外合資企業對懂英文、懂管理的人才需求增長。而 MBA 教育到底怎麼搞，國內尚無經驗，師資力量更是嚴重缺乏，管理學專業出身的老師幾乎沒有，老師大多是從經濟管理或者運籌學專業半路出家的，教學方法還是拘泥於傳統的課本教學，可想而知，培養出來的學生與用人單位的要求相去甚遠。特別是隨著 WTO 的臨近，迫切需要培養大量的具有國際化視野、熟悉國際運作規範的高層經營管理人才。在這種情況下，以林毅夫、易綱、海聞、周其仁等為首的「海歸」知識份子提出在北京大學中國經濟研究中心舉辦 MBA 教育項目。然而，擺在眼前一個致命的困難，就是在國內達到國際標準的 MBA 師資奇缺。經過一番深思熟慮，他們提出了一個大膽的設想：採取跨國合作、聯合辦學的方式來解決師資這個棘手的問題。一方面，美國 MBA 教育已經很成熟，藉助美方可以彌補國內教授商業實踐方面的不足，使國內 MBA 教育很好地與國際標準的商業理念接軌，迅速與國際話語體系對話。另一方面，美國的教授熟悉的是美國的商業社會，絕大部分課堂討論的案例都是美國的，拿到中國難免水土不服。研究院的這些具有海外留學背景的博士

們既了解中國的國情，又熟知國外商學院的運作模式，他們這一特殊背景恰恰可以彌補這一不足。就這樣，北大國際以中美合作模式很好地將雙方的優勢互補，達到師資的優化組合。

經過將近一年的籌備，北京大學國際 MBA 迎來了具有非凡意義的一天。1997年12月24日，國務院學位辦終於批准北京大學與美國國際教育聯盟合作培養國際工商管理碩士項目，這就意味著北大國際作為北京最早的中外合作辦學的 MBA 項目正式出爐。

1998年6月29日，北京大學國際 MBA 終於迎來了它的第一批學子，在朗潤園院子裡舉行了首屆隆重熱烈的開學典禮。令人難以忘懷的是，當天正好趕上美國總統柯林頓訪問北京大學，隨行的美國商務部部長 William Daley、總統經濟顧問委員會主席 Janet Yellen、北京大學常務副校長王義遒、研究生院常務副院長周其鳳、研究院主任林毅夫與部分首屆學生一同參加了開學典禮。俗話說，萬事開頭難。就像四年前研究中心創建時所遭遇的冷眼觀望一樣，旁觀者無法預料由一個高端的經濟理論研究機構作為中方承辦方的 MBA 項目究竟能走多遠。

關於這一點，北京大學2007級國際 MBA 班的林木同學在其執筆撰寫的《我在北京大學讀MBA》一書的第一章中，充滿激情地寫道：

「1998年，是中國商業互聯網肇始的一年。但那個時代，主流社會對互聯網的認識還只是『燒錢機器』，很少有遠見卓識者把互聯網和媒體、廣告聯繫起來。就在那個時候，剛剛從國內最火的『四通利方』社區更名為『新浪網』的中文門戶上，破天荒地出現了一則新聞——北京大學國際 MBA（中文簡稱北大國際；英文簡稱 BiMBA）開始籌備招收第一屆學員。從那時起，BiMBA創辦人就雄心萬丈：『要做就做大手筆。』和互聯網一樣，10年前的商學院也絕對是一個曲高和寡、鮮有人知的事物，而國際合作辦學更是開風氣之先。而10年後的今天，北大國際已成為中國本土的國際商學院翹楚。」

2006年，世界著名財經雜誌《財富》把這裡評為中國最具市場價值的商學院。2007年3月，在第三屆中國金融專家年會上，林毅夫、易綱

等人入選影響中國金融的十大專家人物。林毅夫獲得的頒獎詞是：「他秉承『兼收並蓄、有容乃大』的北京大學傳統，以一流的學術氛圍及人格魅力，聚攏了一大批國內外最優秀的經濟學人。身居象牙塔，憂濟在元元。」同年4月，北大國際被世界知名財經雜誌《富比士》（中文版）評為「中國最具價值商學院」第一名，這是自2005年以來第三次獲此殊榮。

發生在朗潤園的著名辯論

自1916年蔡元培擔任北京大學校長以來，他的「思想自由，相容並包」的主張，使北京大學成為新文化運動的發祥地，為新民主主義革命的發生創造了條件。

而在20世紀90年代末期發生在北京大學中國經濟研究中心的兩場著名「內戰」，則讓整個中國經濟學界第一次領略了這個學術群體新銳思想的威力。其最吸引人的地方是其內部獨立、自由、進取的學術氛圍，是許多派系林立、學閥氣十足的機構自歎不如的。對當下中國經濟的改革產生了深遠的影響。

一場關於「產權」問題的辯論

1995年6月6日，在研究中心，林毅夫與張維迎就國企改革問題展開了一場激烈的辯論。事實上，自1978年，黨的十一屆三中全會作出了實行改革開放的決策以來，關於國有企業如何改革的爭論一直沒有停止過。但發生在兩個學科帶頭人之間的這場爭論，尤為令人矚目。這場辯論至今仍然影響著中國政府對目前經濟形勢的判斷和分析。

雙方爭論的焦點在「產權」問題上。林毅夫認為產權問題不是國企改革的根本問題。他認為很多國有企業競爭不過民營企業，主要是因為國有企業有政策性負擔，而民營企業則沒有。林毅夫所說的「政策性負擔」，是指政府強加給企業的負擔。可分為兩種，一種是社會性政策負

擔，比如不能隨便解雇工人，要求承擔離退休職工的養老病死、下崗職工的補貼等；一種是戰略性負擔，即為了國家的戰略需要而生產，這些行業往往屬於資金、技術密集型行業，根本競爭不過國外同類產品。既然有政府強加的義務，企業就會有一些優惠和補貼。因為政府分不清企業的虧損是經營不善還是政策性負擔太重，所以就給企業經營者侵吞國有資產留下可乘之機。而多數企業明虧實贏，原因是管理層中飽私囊，採取種種隱蔽手段侵吞了企業的利潤，或者大肆在職消費，造成管理費用畸形增長，抵消了企業的利潤。只要消除國有企業的政策性負擔，建立充分競爭的產品市場、經理人市場和資本市場，通過建立完善的公司治理結構，企業管理層的敗德行為是可以避免的。

張維迎則認為，國有企業在激勵機制方面的改革取得了令人滿意的效果，但在企業經營者選擇機制方面的改革卻不令人滿意，解決這一問題的關鍵應當是把國有股權轉化為債權，讓國有企業變為非國有企業。

主張「產權改革」的有張維迎、周其仁、吳敬璉等，他們認為，在中國，產權改革是十分必要的：產權改革是中國未來競爭力的前提。企業的發展與投資要求產權制度有一個很好的保證。中國需要不斷地推進產權制度改革，規範政府行為。國家資源有效配置要靠民間力量與自由企業制度。通過產權制度改革，引入承擔資產損失責任主體，才能真正實現十六屆三中全會提出的「建立歸屬清晰、權責明確、保護嚴格、流轉順暢的現代產權制度」的目標。迴避產權問題，僅在經營權上作文章，以解決中國所有制的「痼疾」，是沙漠上的樓閣，是不牢靠的，也是不現實的。

在這場辯論中，林毅夫一直迴避的是「產權」問題。而林毅夫留學於美國的經濟學重鎮芝加哥大學，廣為人知的「芝加哥經濟學派」的核心宗旨就是「小政府 +大市場 +徹底的私有產權」。作為「芝加哥經濟學派」的嫡傳弟子，按說，林毅夫應該對中國的經濟改革支持以私有制改革為核心的改革方案，但對中國經濟改革所面臨的兩個最核心的議題——國有企業改革和農村經濟改革，林毅夫不僅不是私有化的宣導

者，而且還儘量迴避產權問題。

林毅夫的論證是：印度、菲律賓、巴西等國家搞的是私有化和資本主義，他們的企業也是腐敗盛行，一團糟，所以，私有制不是搞好企業的充分條件；而德國、新加坡等國的國有企業卻搞得很好，所以，私有制也不是搞好企業的必要條件。企業能不能搞好，跟私有制或公有制沒有必要的聯繫。

這場辯論之後，林毅夫、易綱以及後來加入的宋國青就此問題又展開了深入持久的辯論。而這場發生在10多年前的辯論不僅對當下國有企業改革的現狀產生了深刻的影響，甚至引發了許多人對「國進民退」等問題的思考。

對這場辯論，著名經濟學家茅于軾曾作出如下評論：「北京大學中國經濟研究中心對於推動中國經濟學的發展起了極其重要的作用，我相信它今後還會起更大作用，它10年的歷史已經使得中國經濟學從很落後的狀態逐漸趕上來了，出現了很多很不錯的人才，我相信再往前走10年，我們就有可能與世界經濟學並駕齊驅了。」

關於發展中國家「後發」問題的辯論

1999年年底，著名旅澳華裔經濟學家楊小凱提出俄羅斯將來的發展可能超過中國的預測。林毅夫據理力爭，和楊小凱對有關發展中國家「後發」是「優勢」還是「劣勢」展開了曠日持久的論戰。這場論爭，曾被媒體評為：「改革開放以來，就戰略級別上的中國發展所進行的最具原創性洞見，也是最有鋒芒和理性精神的論辯。」

1999年12月11日下午，楊小凱在北京大學中國經濟研究中心作了一場演講，介紹西方研究中國經濟的兩派不同觀點之間的爭論。在演講中，楊小凱介紹說，在蘇聯、東歐、中國等由計劃經濟向市場經濟轉型的過程中，出現了以蘇聯、東歐為代表的激進改革模式和以中國、越南為代表的漸進改革模式。他闡述了經濟改革與憲政轉型的關係，認為經濟改革只是憲政轉型的一部分。經濟增長的最終源泉是制度與技術的

第五章　學者在征途：燕園挑戰者

創新，而這些都是在給定的憲政制度下完成的。只有先進行憲政制度改革，經濟改革才能最終獲得成功。也就是說，他比較贊同蘇聯和東歐激進的改革模式。

楊小凱發表這個演講的1999年，正值俄羅斯和東歐經濟不景氣的時期，因此，楊小凱的提法遭到很多人的質疑。

林毅夫提出，用激進改革並不能真正實現憲政轉型，但這種改革對經濟的破壞是直接和立即的。因此，漸進的改革比激進的改革好。中國許多試驗式改革方法，如價格雙軌制、鄉鎮企業等，均屬制度創新，並且是成功的制度創新。因此，漸進的改革比激進的改革好。這是「林楊之爭」的萌芽。

2000年，哥倫比亞大學經濟學教授薩克斯（Jeffrey Sachs）、加利福尼亞大學經濟學教授胡永泰（Wing Thye Woo）和楊小凱在 Annals of Economics and Finance 上發表了題為《經濟改革和憲政轉軌》的長篇論文，提出了發展中國家有「後發劣勢」的觀點，認為落後國家在追趕發達國家的過程中，模仿發達國家的技術容易，但模仿發達國家的制度難。因此，落後國家傾向於模仿發達國家的技術和管理而不去模仿其制度，雖然這種模仿能使經濟在短期內獲得快速增長，但會強化國家機會主義，給其長期增長留下許多隱患，甚至長期發展變為不可能。所以，後發國家應先難後易，先完成制度模仿，才能克服後發劣勢，在沒有模仿好先進國家的制度前是沒有資格講制度創新的。

中國作為後發國家，儘管當時改革很成功，但沒有進行根本的憲政體制改革；俄羅斯改革當時看起來比中國失敗，但進行了根本的憲政體制變革，所以將來俄羅斯會超過中國。他們也把法國為何在19世紀時落後於英國，蘇聯為何在20世紀三四十年代經濟發展由快而慢，日本為何發動「二戰」，以及20世紀末出現金融危機等，都歸咎於這些國家沒有或沒有完全實行英美式的憲政體制。此文的發表，引起了國內學術界的關注和討論。

針對楊小凱的觀點，林毅夫著文《後發優勢與後發劣勢——與楊小

凱教授商榷》，提出了全面反駁。林毅夫認為，發展中國家在收入、科技以及產業結構方面落後於發達國家，可以利用這個技術差距，通過引進技術的方式，來加速本國的技術變遷，從而使經濟發展得更快。這就是「後發優勢」。作為一個發展中國家，中國經濟增長也具有後發優勢。不僅如此，林毅夫還認為，以私人所有權為基礎、以自由民主為本質的憲政民主體制，既不是經濟發展的充分條件，甚至也不是經濟發展的必要條件，同時也不符合中國目前的國情。該文進一步否定了制度先行說，提出了「制度內生說」，認為憲政體制改革並不只是立憲問題，必然要涉及行政權、立法權和司法權之間的相互制衡。且即使憲法上規定有這樣的制衡，也並不代表在現實中必然有這樣的制衡。林毅夫堅持認為，假如沒有經濟成功的發展，政治體制改革將十分困難，因為制度於經濟發展水準有內生性。

經濟發展現象，因包含制度面與技術面的影響因素而顯得紛繁複雜，有時確實讓人難以辨別出哪些因素是關鍵因素，因而他們兩人觀點的分歧部分源於視角的不同，其分歧也是在技術和制度兩者選擇上各有側重，而非完全排斥。通俗來講，林毅夫認為經濟發展會自動帶來制度變化，楊小凱的觀點則是沒有制度先行，經濟走不好走不遠。

「林楊之爭」在經濟界引起了很大反響，很多經濟學家都加入其中發表自己的觀點。著名經濟學家茅于軾認為，楊小凱所說的「後發劣勢」顯然是存在的，但主要的還是「後發優勢」。中國在發展中很大程度上利用了西方的技術，我們現在從日光燈到麥克風再到電腦，沒有一樣是中國人發明的，都是利用「後發優勢」。現在「後發劣勢」也是存在的，如果我們只是滿足於在技術上引進而在制度上沒有變化，就會出現很大的問題。在過去的20年中，中國在制度上、法律上、意識形態上還是大有進步的。

而在2008年4月16日的《國際融資》上，美國耶魯大學金融學教授陳志武專門談及此次爭論，並贊同楊小凱的觀點。2008年4月22日的《南都週刊》刊載了香港中文大學教授郎咸平對此次爭論的簡要評論，

也贊同楊小凱的觀點。

三尺講臺　教書育人

除了經濟學家的頭銜之外，教師也是身兼數職的林毅夫特別看重的一個職業，在研究經濟之餘，校園是林毅夫耕耘的一塊神聖領地，也是他教書育人的樂園。

學成歸國後，最重要的一個職務就是北京大學的一名教師，作為一名普普通通的教師，林毅夫又有著怎樣的教學心得呢？

最大的心願是桃李滿天下

林毅夫是學者，也是教師。作為一名教師，最大的心願就是桃李滿天下。對於林毅夫來說，亦是如此。他最大的心願是能夠教出一批好學生，讓學生看到這個時代給他們的機會，然後通過努力，創造一個更好的時代。林毅夫曾經說，他最大的特點就是「執著」，這讓他笑言自己「長不大」。「當年初中、高中的同學看到我，都說我沒有變。二三十年了還沒有變，開玩笑就是『長不大』，說好一點，就是『執著』吧。」當林毅夫被問及相信自己的願望會實現嗎？會的。林毅夫的回答簡單而又堅定。他說，自己和別人相比，最大的特點是「更加執著」。

作為教師的他曾說過：「軍人的理想是馬革裹屍還，我最大的願望就是累死在書桌上。」他不僅這樣說，而且也是這樣做的，他以自己的行動踐行著一名教師的神聖職責。

一直為研究中心忙碌的林毅夫每個周末都堅持講公開課。只要林毅夫在北京大學開課，選林毅夫課的人總是很多，幾乎堂堂爆滿。其中，他開的「中國經濟專題」課非常受學生歡迎。每逢開課，500人的課堂總是被學生們圍得水洩不通，就連大教室的座位和臺階上到處都坐滿和站滿了人。

林毅夫經常連續講兩小時不休息，還愛拖堂，下課後總被學生圍得

不能移動半步，而且，他還以極大的耐心和寬容，事無巨細地解答學生們的所有疑問。2003年的「非典」時期，他也一直堅持講課，跑來聽課的學生比平時還要多出不少。用他自己的話說：「只要有一個學生來，我就要講課。」林毅夫說，他沒想過要做教育家，他只是在盡一個教員的本分。他希望他的學生好好努力，在他看來，這絕不僅僅是一個老師的勤勉，而是中國的時代走向所決定的。

林毅夫的知識非常豐富，他在講課中常常喜歡旁徵博引，用中國古代和歐洲的例子作對比來說明經濟學理論。他尤其喜歡中國歷史，對中國的古代聖賢如老子、孔子、孟子的思想非常熟悉，他在講課的過程中，經常用他們的思想來闡釋經濟學理論。比如，在一次講課中，他把老子的《道德經》中「道可道，非常道，名可名，非常名」，「……前識者，道之華，而愚之始也」解讀為：任何一個已經得到表述的理論都不是真理本身，而只是真理在一定環境條件下的表現形式，如果把這個理論當成真理本身，就會陷入認識的愚笨。他把《道德經》中「天下有始，以為天下母。既得其母，以知其子。既知其子，復守其母，沒身不殆」解讀為：要固守「體」（理性假設），不應該固守「用」（已有的經濟學理論），這才是「常無」的心態，只有抱著「常無」的心態才可能建立起自己的理論體系。能夠建立理論體系的，就是大師。

他在一次講課中，曾引用孔子《論語》中的語錄「學而不思則罔，思而不學則殆」來說明怎樣成為大師的問題。他說：這其中就涉及怎樣「學」和怎樣「思」的問題。「學」當然是學習別人的理論，學習現有的東西，但按照孔子的說法，即使是學習大師的東西也不能照搬照套，而是要多「思」，「思」的內容應該包括幾個方面：仔細思考他的邏輯是不是很強，是不是有因果關係；他的這套理論是否能夠檢驗實踐，是否與社會生活的表象相符。不喜歡思考的人永遠不能成為一個理論家，頂多成為一個百科全書。而百科全書在古代是有用的，但在當今網路科技已經非常發達的時代就已經不適用了。而第二句話中的「思」則是一種通過對現象的觀察，思考現象背後的邏輯，然後對現象作出解釋。第

二句話中的「學」一是要學習研究的方法，如果沒有考慮問題的方法，很難形成一套嚴密的邏輯。只有通過學習，把觀察到的現象用學科的標準的、規範的研究方法表述出來，才能形成一套理論。二是要學習別人對這個現象怎麼解釋，然後看自己的解釋同別人的解釋是否相同，只有這樣，才能判斷你所提出的解釋在這個學科中的地位和貢獻。

林毅夫對中國的古詩詞也非常熟悉。他在課堂上也時常穿插中國的古詩詞，用以作為他教學內容的佐證。比如，在一次課中，為了講述中國的經濟發展和歷程，他引用了柳永的《望海潮》說明古代經濟的發展狀況。「比如像柳永的《望海潮》，他講『煙柳畫橋，風簾翠幕，參差十萬人家』，一個城市住了十萬家，十萬家多少人呢，古代一家總有十來口人，十萬家有上百萬人，『市列珠璣，戶盈羅綺，競豪奢』，市場上物品琳琅滿目，綾羅綢緞，並且每家都極其富有，下面這句話非常妙，『羌管弄晴，菱歌泛夜，嬉嬉釣叟蓮娃』，就代表他們晚上的夜生活跟周末的生活是豐富多彩的。」

「授人以漁」勝於「授人以魚」

常言道，「授人以魚」不如「授人以漁」，講的就是掌握方法對一個人的重要性。林毅夫非常認可這一點，並特別強調，掌握做學問、看問題的方法才是最為重要的。

曾經「西天取經」的林毅夫在回顧自己的海外求學經歷時指出：「要是沒有舒爾茨主動邀請我到芝加哥大學去讀書，我也就不會去美國留學，我大概也不會選擇經濟學作為我終生的職業，從他身上我學到怎麼做學問的方法，舒爾茨教授是特別注重從真實世界的觀察現象當中，去找出它背後道理的經濟學家，我認為這就是我們一般所講的『授人以漁』跟『授人以魚』的差別，就是教人怎麼抓魚和給他一條魚的這種差別，我從他那邊學到了做學問的方法，我想這是我終生最受用的地方。」

林毅夫最愛說的一個詞是「常無」，他認為，經濟學工作者必須用

老子所說的「常無」心態對待任何現有理論。也就是說，不要墨守成規，陷入思維定式，要敢於破除「前見」「舊識」，要敢於創新，懷疑一切，勇於提出自己的獨到見解。

在實際的教學上，林毅夫認為，老師要教給學生的不再是一個個現成的、學生畢業以後可以馬上運用的理論，而是看問題、分析問題的方法，也就是說，老師要「授人以漁」，而不是僅僅「授人以魚」。而要「授人以漁」，在經濟學教學中，他認為最重要的是幫助學生建立起觀察問題的理性視角。只有這樣，我們才會有創新型的經濟學教育。

對於「為什麼中國的經濟學者為數眾多，而在世界範圍內有影響的卻不多」這樣的問題，林毅夫給出了他的「診斷意見」。首先，中國學者的研究還是多喜歡引用國外的理論；其次，在方法上，還不能採用國際上接受的規範方法，往往只停留在觀點上，而沒有形成完整嚴謹的理論體系；最後，中國經濟的繁榮發展才剛剛開始，還不是世界的經濟中心。

在林毅夫的課堂上，枯燥、抽象的經濟學理論，往往會變得那麼生動、形象。而要做到這一切，要歸功於他起步於「臨摹」的經濟研究。林毅夫經常形象地以羅浮宮臨摹的「畫家」為比喻來教導學生如何學習，以成為一個有創造力的經濟學家。他說，那些在羅浮宮名畫前長時間臨摹的知名畫家們，絕不是為了把畫畫得像原畫，他們在名畫前苦思冥想，鑽研的是那些繪畫大師如何把看似簡單的繪畫原理運用於不同的情境。他們每一次下筆前都在思考：為什麼這個大師這樣處理光線？為什麼這樣處理結構？為什麼這樣可表達人物激動的心情？同樣的道理，學生在學習現有經濟學理論時，不是為了記住這些理論，以便將來可以套用，而是要去「體悟」那些大師，在面對經濟現象時，為何要那樣歸納、那樣作假設、那樣建立模型等。林毅夫曾引用恩格斯的「從必然王國到自由王國」來概括經濟學家所追求的目標，他認為，經濟學理論研究的目的，是為了增加對事物本質的理解，以便幫助人們在作決策時，可以作出正確的決策，完成由必然王國向自由王國的跨越。

林毅夫教授進行經濟研究的一個鮮明的特點就是：根據現實現象的

歸納總結，改變現有經濟理論體系中的基本假設。比如，他認為凱恩斯主義將新古典主義中市場均衡的假定改變，從而構建了新的宏觀理論體系。現有的新古典理論體系是建立在發達國家的經驗基礎上，發達國家產業升級的方向是不確定的，政府並不比企業有更多的信息，因此，政府不該對產業升級進行干預。但是，發展中國家的產業升級是在世界產業鏈的內部進行，其升級是有跡可尋的。林毅夫在構建發展中國家經濟發展戰略理論時，將產業發展路徑不可知的假定改變為可知的，從而提出了在產業升級中政府具有提供信息、進行協調、克服外部性等作用的理論。現有的新古典理論的另一個暗含假設是：「企業具有自生能力。」企業只要管理好，在競爭的市場中都能賺錢，他認為，這個假設在發達國家基本適用。但是，在發展中國家，由於政府推行趕超戰略，趕超產業中的企業由於違反了比較優勢，在競爭的市場中如果沒有政府的補貼保護，即使管理沒有問題，也不能獲得足夠的利潤來維持生存。因此，在研究發展中國家的經濟現象時，必須放棄「企業具有自生能力」的暗含假設。也因此，新古典經濟學體系中的許多理論在運用於發展中、轉型中國家時必須重新審視。

「鮮活、透徹、有大氣象」的個人魅力

實際上，儘管林毅夫已經取得了驕人的成就，但是，他還在繼續奮鬥。林毅夫廢寢忘食的工作形象盡人皆知。在研究中心工作的每一天，通常要到深夜兩三點才離開朗潤園的辦公室。

儘管擔任教師大大減少了他從事研究的時間，但每當看到他的學生們在不斷進步時，他感到很欣慰，因為林毅夫最大的心願就是他的學生能在將來站在世界經濟學的最前沿，能獲取諾貝爾經濟學獎。林毅夫給他的學生的一個座右銘是：「成功等於機遇加上努力，而機遇屬於平常就做好準備的人。」由於身兼不少社會職務，林毅夫平時幾乎沒有節假日。

2004年3月13日晚上，波蘭前副總理兼財政部長科勒德克在研究中心演講，而林毅夫白天幾乎上了一整天課，匆忙在辦公室吃了個盒飯就

趕去接待這位歐洲前政要，第二天則接著上課。他的一位學生表示，作為學生聽課都受不了這樣的節奏，而林毅夫卻總是精力充沛。還有一次，林毅夫感冒了，嗓子很不舒服。而他第二天還要飛到美國去參加世界銀行的年會。課間，有很多學生等在休息室裡，希望和林毅夫討論中國經濟的發展問題。最後只有班主任出面，才把熱情的學生阻擋住。距下一節課還有三分鐘，林毅夫才終於有了一點獨處的空間。而在2008年4月的一天，林毅夫頭一天晚上剛從美國飛回來，早晨8點30分，他便趕到了國家行政學院。這是他為北京大學EMBA上的最後一堂課。

在北京大學，沒有聽過林毅夫講課或演講的學子，幾乎找不到；在聽過他講課或演講的學生眼裡，林毅夫除了努力、勤奮之外，往往會給人留下這樣的印象：鮮活、透徹、有大氣象。

林毅夫走路的速度很快，他開車快在北京大學也是有名的，甚至連喝功夫茶都很快，因為他總感覺缺少時間。午飯時間，他會同學生們一樣在食堂吃自助餐。在課堂上滔滔不絕、談笑風生的他，在離開課堂後卻顯得異常沉默，他不喜歡和學生們交流，除了悶頭吃飯外，他只是偶爾看一眼掛在牆上的電視。學生們說，很難找到與林老師聊家常的氛圍。對此，林毅夫這樣解釋說：「我是一個比較嚴肅的人，學生也不會跟我講這些事情。我倒覺得因為跟學生在一起，他們也忙我也忙，所以當然就是抓緊時間做最重要的事情吧。我跟學生一般講兩方面的事情，做人和做學問，我想一個人要真正地取得一些成績，那麼必須要有一些做人的基本素質，才能夠堅持，才能夠努力地不斷地往一個目標走。做學問的方法，我們所謂講『工欲善其事，必先利其器』，方法上面要是對了，可以事半功倍，要是方法不對，就會事倍功半，所以，跟學生談得比較多的還是做人和做事。」

儘管在課下不喜歡和學生們談天說地拉家常，但林毅夫身上的那種俠客氣質卻深受學生的喜愛。2008級國際EMBA學生曾曝出林毅夫動手打人的故事。那是一個氣候炎熱的中午，整個燕園處於一片沉寂中。北京大學副校長海聞從外面開車進學校，恰逢堵車。海聞就在車流中耐

心等待。突然一陣噪聲四起，將四周的沉寂劃破。原來是前面那輛車不停地按喇叭，事後知道開車的是一光華管理學院 MBA 學生。海聞下車警告他說你別按了，午休時間需要安靜，而且北京大學校園裡面也不許這麼喧譁。結果那位年輕人不但不聽，還和海聞爭吵起來。這場架吵了很久，大概從中午12點多一直到下午兩點，正巧林毅夫開車從西門進來了。當他聽說事情的原委後，也同那位小夥子較起了真兒，說北京大學校園就是不許喧譁、不許耍橫。小夥子眼看不是兩人的對手，就嘟囔一句：北京大學教授有什麼了不起，有種你打我啊。結果林毅夫還真的一拳揮出打在那人的鼻子上。這件事最後好像還鬧到了燕園派出所。林毅夫率真的俠客氣質可見一斑。

林毅夫的「畢業」心得

　　幾乎在每年5月底或6月初，對北京大學師生來說，都是讓人難以忘懷的日子。這個時節，在北京大學百年講堂這所聞名中外、承載著無數人美好夢想的講堂，不知送走了多少北京大學的畢業學子。

　　但2008年5月31日這一天的畢業典禮，對林毅夫來說卻顯得異常特別，因為這一天，是他在北京大學授課的最後一天，參加完學生的畢業典禮以後，晚上6點，他就要離開北京大學，前往美國華盛頓就任世界銀行高級副總裁兼首席經濟學家。事實上，早在3個月以前，林毅夫就已經接到了任命通知。原本應該在5月初就任報到的，但為了完成在北京大學的教學任務，林毅夫拖延了報到時間。這一天，他將送走他在北京大學的最後一批學生，這一天，舉行的是他的學生的畢業典禮，同時，他也把這一天看成他在北京大學的畢業典禮。

　　這天上午，林毅夫身穿學位服，帶著研究院的教授們走進北京大學百年講堂，整個會場頓時響起一片歡呼聲，早已在此等候的800多名畢業生齊齊起身，對他們給了熱烈的鼓掌。與往年不同的是，林毅夫不再擔任畢業典禮的主持人，而是作為第一個發言的教師，在即將「畢業」之際在學生的畢業典禮上暢談自己的「畢業」心得。

心中裝著世界的林毅夫在發言中，激動地說：「今天是你們的畢業典禮，也是我的畢業典禮。我最近的日子也和你們一樣，每天懷著複雜的心情在倒數著日子。我每天都要問自己，我是用怎樣的心情畢業？走出北京大學又會面對怎樣的世界？畢業對於我們有著怎樣的意義呢？」林毅夫指出：「只有把對國家和民族的責任內化於心中的時候，這樣的畢業才是最有意義的。在北京大學讀書為的不是追求個人的名利，而是希望充實自己，可以為國家為民族的復興，為人類美好的未來作出貢獻，我想我們經過幾年的學習，把這樣一個責任已經內化在我們內心，這是我們畢業的最重要的意義。一個人一定要追求一個比自己大的目標，一個可以追求一輩子的目標。如此，才不會在意一時的成敗，才不會迷失方向。」

作為一名經濟學家，林毅夫潛心把脈研究中國經濟，對於中國經濟的未來，林毅夫在畢業典禮上依然樂觀、充滿自信。在他看來，不僅過去30年，今後10年、30年、50年，中國仍會快速發展下去。但是充滿希望的時代帶給學生的是機會也是挑戰。

我們知道，2008年的5月12日，震撼了每一個中國人的心，當提到汶川地震時，林毅夫說：「即使有這樣的物質基礎，即使大家竭盡全力，還是有那麼多人遭受了痛苦。更何況除了偶發的天災外，我們社會裡面還存在著收入分配不公，各種利益的衝突，不僅中國如此，整個世界也是這樣。」

在勉勵所有畢業生的時候，林毅夫顯得依然是那麼大氣，胸懷藍天。他說：「當我們走出北京大學這座象牙塔的時候，面對的是一個充滿希望也充滿挑戰的時代。希望帶給我們機會，但克服挑戰需要我們的智慧。因為即使我們已經學會了人類歷史至今所有的理論、知識，但是我們面對新挑戰的時候它都是新的問題，需要我們不斷探索。在走出北京大學校園的時候，我們該抱以什麼樣的心態呢？我覺得應該是一種責任心，一種認為我們北京大學畢業生的存在是有價值的責任。這是一個充滿希望的時代，給北京大學的畢業生創造了很好的工作和發展機會，

但同時又是一個充滿挑戰的時代，需要我們充分發揮我們的智慧去克服，這才是北大人存在的價值。」

最後，林毅夫以中國知識份子特有的敢為天下蒼生承擔一切的憂國憂民之心，代表北京大學學子作出莊嚴承諾：「只要民族沒有復興，我們的責任就沒有完成，只要天下還有貧窮的人，就是我們自己在貧窮中，只要天下還有苦難的人，就是我們自己在苦難中，這是我們北大人的胸懷，也是我們北大人的莊嚴承諾！」

這就是林毅夫的「畢業」心得！也是林毅夫送給所有青年畢業生的「心得」！

儘管下午林毅夫要趕飛機飛往美國，但在畢業典禮上，林毅夫還是為800多名畢業生一一頒發了畢業證書，並合影留念。800多名學子非常興奮，他們排成長隊，一一上臺，整個過程持續了兩個多小時。有學生描述當時的場景時說：「林老師的臉都快笑僵了。」

北京大學副校長海聞作為林毅夫多年的老朋友，也發表了富有激情的演講。海聞對林毅夫作了很高的評價：「我們中心有很多老師，大家都有不同的背景，林毅夫教授頗有一點當年蔡元培的氣魄，能夠把不同觀點的人，不同年齡的人，不同脾氣的人都能夠籠絡在我們這麼一個大家庭裡邊。」

6

「中國智囊」林毅夫

傳奇學人 林毅夫

　　林毅夫把自己50多年的人生歸納成三個階段：他多年來不肯多談的在臺灣的27年，是他人生的第一個階段；從1979年游到大陸海岸線到1987年美國學成歸來的8年，是他人生的第二個階段，他從一個軍人蟬蛻成一個經濟學人；從1988～2008年，形成了一個一以貫之的，以經濟中的要素稟賦、政府的發展戰略和企業的自生能力爲分析框架的學術思想，這是他人生的第三個階段。這個階段，是他人生中最有價值的一個階段，是他用西方經濟學研究模式研探中國經濟現象的20年，是他以獨特的視角提出新的發展、轉型理論影響國內外學術界，並以官方或者半官方智囊身分影響中國經濟政策的20年。

　　他是如何在學界與政界遊刃有餘的呢？他是怎樣爲中國經濟進行把脈，爲中國高層當好智囊的呢？

中國高層的經濟智囊

在中國當代的著名經濟學家之中，林毅夫是一個很受國家賞識的人才，經常出入紅牆的他，無疑已經成為中國高層的「智囊」成員。

林毅夫把自己50多年的人生經歷歸納成三個階段：他多年來不肯多談的在臺灣的27年，是他的青年時代，也是他人生的第一個階段；從1979年爬上大陸海岸線到從美國學成歸來的1987年，這是他人生的第二個階段，他從一個軍人蟬蛻成一個經濟學人；從1988～2008年，林毅夫形成了一個一以貫之的，以經濟發展中的要素稟賦、政府的發展戰略和企業的自生能力為分析框架的學術思想，這是他人生的第三個階段。這個階段，是他人生中最有價值的一個階段，是他用西方經濟學研究模式研探中國經濟現象的20年，是他以獨特的視角提出新的發展、轉型理論影響國內外學術界的20年，而且，也是他以官方或者半官方智囊身分影響中國經濟政策的20年。林毅夫將這一切都歸因於他趕上了一個好時代。

在經濟學研究方面，林毅夫主張研究對象的本土化、規範化、國際化，在國內極力宣導一種新的風氣，努力推進中國經濟學的現代化。林毅夫認為，是中國經濟改革發展的大時代提供的素材，讓他在經濟發展理論研究中脫穎而出，成為國內外受人矚目的經濟學家，為國內決策者所重視而躋身於高層智囊行列，並多次參加過國家最高層領導召集的專家座談會。而中國高層領導人也多次聽取過林毅夫對經濟政策的意見和建議。林毅夫領銜的經濟形勢分析與對策建議，也多為國家決策層所採納。

林毅夫的研究，對中國農業政策的制定產生了重大的影響。他在中國農業問題上的研究在國內相當權威，他曾擔任國家發改委「十五」規劃諮詢審議委員會常務理事會成員、中國糧食經濟學會常務理事等職務。林毅夫是第七、八、九、十屆全國政協委員，全國政協經濟委員會副主任，中華全國工商業聯合會副主席，並於2005年獲選發展中國家科學院院士。從1987～2008年，在大陸工作的20餘年時間，林毅夫兼任50多個社會職務，他是全國工商聯副主席，有機會在多個議政場合向高層

提供經濟和社會發展的政策建議，涉及農業、國企改革和金融方面的種種問題。

他是朱鎔基總理和溫家寶總理所倚重的經濟決策智囊，參與了「十五」、「十一五」規劃的起草，他對中國「十五」規劃提出的建議，幾乎全部被採納，對中國的經濟決策，尤其對農村經濟和國企改革等領域的決策，極具影響力。他的「新農村建設運動」「在初次分配中體現公平」等建議，都成為國家決策的重要參考。他被稱為中國的「富國智囊」。

2001年耶誕節，江澤民主席在中南海勤政殿主持召開新階段「三農」問題座談會，林毅夫所作《「三農」問題與中國農村的未來發展》的報告很受高層看重。此前40天，江澤民在中南海懷仁堂主持召開的經濟改革和發展重大問題研究座談會，林毅夫出席並作了《當前農民收入問題和未來農村發展思路》的彙報。2002年6月24日，朱鎔基總理邀請王洛林、吳敬璉、吳樹青、黃達、謝平、胡鞍鋼、林毅夫、樊綱、陳東琪、呂政、賈康、馬曉河等12位經濟學家座談經濟問題。他們重點就「三農」、財稅、金融、進出口、國有企業改革、就業和社會保障以及收入分配等問題發表了看法，提出了政策建議。林毅夫主要談了如何增加農民收入和通貨緊縮兩個問題。林毅夫認為，在20世紀90年代中後期，中國出現了嚴重的生產能力過剩，這種過剩是在廣闊的農村市場沒有得到啟動的前提下出現的，而農民的收入低是問題的主要方面。因此主張推行「新農村運動」，即通過各級政府和基層機構主導、推動和組織、建設農村三網，提高農村的現代化水準，增加農民收入，增加農村消費需求，縮小城鄉差別，這樣使得中國經濟能在一個腹地更深的市場上走向長期的可持續發展的道路。

2003年，林毅夫以中共黨外人士的身分，除曾兩度出席溫家寶總理主持的「黨外人士經濟形勢座談會」以外，他還參加過朱鎔基總理和溫家寶總理的專家問計會。2005年中央一次高層經濟會議上，胡錦濤、溫家寶等領導人親自參加，總共在座不到十人，林毅夫即赫然在列。

林毅夫既了解中國實際，又諳熟經濟學理論，他最大的樂趣在於徜徉於真實世界的理論創新。他認為，中國領導人對現實情境的掌握，遠遠超出人們的想像，他們對政策的制定和把握，總是對照現實條件的需要，而非其他。林毅夫曾經參與了一系列國家重大政策討論，無論是關於治理整頓、糧食問題、電信改革、中國加入WTO、收入分配、通貨緊縮、宏觀調控的問題，還是有關土地問題、農民工問題……所有這一切重大問題，幾乎所有的重大決策，背後都有林毅夫的聲音。而林毅夫本人也被描畫成「高層經濟智囊」「明星學者」等。「一些建議直接被採納，制定成了政策法規，另外的一些建議也以不同的方式在日後的政策中有所呈現。」「作為一個長遠的過程，改革的方向基本符合我的預期。」

儘管出入中南海，但做官顯然不是林毅夫的追求，「如果做官是我的追求，在臺灣我有更好的機會；如果做官是回大陸的追求，我走的道路應該會和現在很不一樣」。林毅夫對自己的定位很清楚：學者。他認為這是他最能對社會有貢獻的位置。

中國農業經濟問題的癡心探索者

早在1985年，林毅夫在撰寫博士論文時，即開始著手從事中國「三農」問題的研究，到1999年，在經過15年的研究之後，林毅夫提出了「新農村運動」的概念。從1999～2004年，經過歷時6年的奔走呼籲之後，建設「社會主義新農村」的建議正式被中央採納。林毅夫對中國「三農」問題孜孜不倦地研究，不僅為中央決策層提供了寶貴的一手資料，而且對中國農業政策的制定產生了影響。

結緣「三農」 心繫蒼生

如果用一句話來概括林毅夫這位「農民的經濟學家」的話，那就是「篳路藍縷，為中國經濟建設拾柴」。心繫國家，心繫百姓的林毅夫，在為中國的經濟建設默默地奉獻著。

　　1987年，林毅夫學成歸國，成為中國內地改革開放後經濟界「海歸」第一人。當時國內和美國相比，生活條件有天壤之別。然而，歷史使命感再次決定了他的行動，林毅夫義無反顧回國效力，他先後擔任國務院農村發展研究中心發展研究所副所長和增長研究室主任、國務院發展研究中心農村經濟與城鄉協調發展研究部副部長等職。多年來，他孜孜不倦，勤奮敬業，利用自己所掌握的分析工具做了大量的研究工作，為中央決策層提供了寶貴的第一手材料，對中國農業政策的制定產生了重大影響。

　　「三農」是林毅夫永遠的重心。儘管事務繁忙，但是忙的都是老百姓的事情，都是在為老百姓謀福利。20多年來，對「三農」的關注，他一刻也沒有停止。「如果了解中國的現代史，了解中國的社會、經濟結構，就會發現，農村是中國現代化過程中最關鍵的問題。窮人絕大部分在農村，解決了農村的問題，就解決了中國的貧困，解決了中國的貧困問題，也就解決了世界貧困的一大半。」

　　面對「三農」問題，林毅夫說：「要解決三農問題，關鍵是把富餘的農村勞動力轉移到城市的非農產業就業，用城市化來帶動農村的發展。」而未來中國的城市發展道路應該是一個兩級結構：農村富餘勞動力轉移出來以後會主要集中於大中城市；在農村地區則散布著星星點點的，提供新增就業量有限的政治和商業中心為功能的小城鎮。

　　林毅夫認為，當前所有農村問題的根源，在於眾多的鄉村人口對資源所帶來的巨大壓力，在於鄉村勞動力尋求非農就業而面臨的各種障礙。他指出，中央自1998年以來連續幾年提出了調整農業結構，這些政策在一些地區和部分產品上起到了一定的積極作用。但是，針對多數農民在為少數城鎮人口生產農產品的基本局面，他指出，農產品過剩將是難以扭轉的。城鎮居民人均可支配收入每增加一元，用於食品的開支只增加不到4分錢。依靠農產品價格的大幅攀升來提高農民收入已經不會成為常態。農民收入增長的主要支撐來自農村人口向非農產業的不斷轉移。因此，鄉鎮企業應該成為縣域經濟發展的重點。但近年來，受到

稅收和金融體制兩個方面的抑制，鄉鎮企業增長減緩，成為農民收入增長減緩的重要因素之一。在當前的稅收體制下，縣鄉政府極難從工商業發展中獲得充足的稅源，因此，地方政府和私人投資者都嚴重缺乏大力推動中小型工商業發展的積極性，地方政府也缺乏相應的扶持政策，無法降低中小型工商業私人投資進入的「門檻」，最為突出的問題則是融資問題無法解決。鄉鎮企業在集資或改制過程中進行了股權融資，但企業職工手中的股權無法流動，妨礙了企業進一步融資的能力。鄉鎮企業債務融資管道單一，主要來源於國有商業銀行，融資信用普遍不高。而且，社會上也缺乏為中小企業提供諮詢和服務的機構，造成投資失敗率過高。

林毅夫認為，在鄉鎮企業增長速度連年下滑、吸收就業的能力不斷下降的情況下，農村勞動力大規模流動並形成異地就業、回鄉安家或創業的模式，從近中期看，將會是農民增加收入、進行非農創業及進入小城鎮的重要基礎。支持農民的這種流動就業應該是政府在未來相當長時期內關注的重點。政府應該擴大對流動人口職業培訓的公共財政支出，鼓勵私人或非國有機構投資於目前分布極其廣泛的農業中專學校、農村職業高中，對流動就業的青年農民進行職業技術的專門培訓。目前，位於地市、縣一級的農業中專和職業高中長期由地方政府負擔費用，不僅使政府負擔過重，同時也造成學校沒有積極性根據市場的需要對專業進行調整，使供給與需求脫節。如果將政府過去的直接財政投入改變為對參與學校建設的私人投資者的補貼，整個局面將會發生重大改變。從近年的經驗看，工業化和市場化發展不足是小城鎮發展緩慢的主要障礙。比如許多鄉鎮雖然已經放開了對農村居民的戶口限制，也建設了很好的街道、樓房，但街道空空如也，商業十分蕭條。因此，如何幫助、鼓勵和支持回鄉農民建設家園和回鄉創業是政府需要重點考慮的政策內容。像目前實行的不論工商業規模大小一律收取同樣稅賦，所有的工商業者必須註冊登記並每年交納各種費用等都是抑制中小企業發展的政策障礙。目前，中央、省及縣鄉之間增值稅和所得稅的劃分留成體制，也在

相當程度上抑制了地方政府發展工商業的積極性。這些政策性限制不能消除，農村工業化的發展將受到嚴重制約。

「新農村建設」宣導者

與國內其他經濟學家相比，林毅夫無疑是提出「社會主義新農村」概念的第一人，對於這個稱謂而言，林毅夫當之無愧！林毅夫，也是「社會主義新農村」的領路人！林毅夫的「社會主義新農村」體系有兩大特色：第一，從社會主義基礎設施建設作為切入點，而非從農民組織、從教育為切入點；第二，社會主義新農村建設是在中國現代化的過程當中的一個不可分割的部分，而非中國現代化的一個切入點。

林毅夫「新農村運動」的想法最早可追溯到20世紀90年代末。1998年後，中國出現了嚴重的通貨緊縮，生產能力過剩，新增投資比較小和新增就業機會少等問題。並且，這又造成本該流動的農民流動不出來，已經流動出來的農民又返回鄉村。另外，眾多鄉鎮企業在競爭中也紛紛倒閉。一方面，這致使農村集體經濟負債累累；另一方面，又迫使早先在鄉鎮企業就業的農民又回流到農業中。在這種背景之下，農民收入增長特別慢，「三農問題」也更為突出。那時，針對當時的經濟問題，林毅夫開出這樣的「藥方」：「治通縮選準著力點，下農村四兩撥千斤。」

1999年，針對當時的通貨緊縮形勢，林毅夫第一次提出了「新農村運動」的概念。林毅夫提出，「中國從1979年開始的改革以農村為切入點；20年後的今天，生產能力普遍過剩、內需不足、市場疲軟、通貨緊縮困境的現象，仍然存在廣大的農村。」只有打通農村勞動力向外流動的管道，消化掉城市中過剩的生產能力，才有可能解決三農問題。為此，他建議中央政府在全國範圍內發起一場以實現農村自來水化、電氣化、道路網化為核心的新農村運動，加快農村地區和生活消費有關的基礎設施建設，以此來啟動廣大的農村市場。同時，政府要以財政政策的資金積極建設農村基礎設施，這對啟動中國的投資和消費需求可以起到四兩撥千斤的效果。因為，這一政策既可以刺激國內消費需求，使中國

早日擺脫通貨緊縮，又可以提高農民的收入、縮小城鄉差距和改變農民觀念等。

後來，隨著「三農問題」變得日益突出，林毅夫提出的「新農村運動」建議及具體內涵逐漸被國內學界及政府部門所認同，這為隨後中央提出的新農村建設提供了一定的學術支持。「新農村運動」的作用是雙重的，可謂「一箭雙雕」。林毅夫肯定地說：「新農村運動既啟動了消費需求，而且還可以增加農民的收入，因此，這一點可以毫不動搖地往前走。」

堅持數年的奔走呼籲，建設社會主義新農村的建議終於被中央採納。2004年春，《中共中央、國務院關於促進農民增加收入若干政策的意見》作為中央「一號文件」正式發布，引起海內外媒體的高度關注。這意味著農民增加收入困難已成為當前農業和農村發展面臨的最根本、最突出的問題。而自2004年起到2011年，「三農」問題已連續8年被中央「一號文件」鎖定。2005年10月11日，中共中央十六屆五中全會提出了建設社會主義新農村的重大歷史任務。2006年2月21日，新華社播發了《中共中央、國務院關於推進社會主義新農村建設的若干意見》。2006年3月14日十屆全國人大四次會議表決通過了《國民經濟和社會發展第十一個五年規劃綱要》。該綱要共計13篇48章。「建設社會主義新農村」被寫進第二篇裡。

自從宣導了6年的「新農村運動」被寫入「十一五」規劃之後，林毅夫自然成為最值得關注的人物之一。「社會主義新農村」實現了林毅夫「左手經濟政策，右手經濟理論」的夢想。

展望中國農村的未來時，林毅夫這樣分析：未來相當長的一段時間裡，中國人口分佈情況可能是——農村人口主要居住在村裡，以村為基礎，從事農業；少量的人口在鎮裡，從事商業，提供農業生產資料、農產品的集中銷售以及農民生活用品的零售服務；剩下的人口集中在大中型城市，從事工業、商業和服務業。

到2030年，還將有5億人生活在農村，其中絕大部分居住在村裡。

林毅夫指出，只有當這部分人的生活也實現了現代化，我們才能說

是全面建設了小康社會。

「四位一體」新模式

在中國農村經濟問題叢生的險灘上，林毅夫一次次地遭遇著前所未有的新情況、新問題、新現象，他也一次次地對症下藥，成功突圍。

針對如何解決中國貧富差距的問題，林毅夫認為，中國的貧富差距問題不在富人太富，而是窮人太窮，他認為，「窮」是造成目前許多問題的根源，要解決「窮」的問題，關鍵是必須轉變經濟增長方式。而要轉變經濟增長方式，需要通過完善金融信用體系，支持中小企業發展，以實現最廣泛的勞動就業。

林毅夫分析指出，中國的改革開放是從農村開始的，改革開放早期，農村經濟發展非常快，城鄉收入差距不斷縮小。但到1985年，我們在農村改革成功的基礎上把市場化的改革推向城市以後，農村的發展就滯後於城市的發展，按照統計數字來看，1978年的時候城鄉收入差距是2.6：1，到1984年的時候是1.8：1，這個差距在縮小，到2005年，則是3.2：1，比1978年的城鄉收入差距還要大。而這種差距不僅表現在城鄉之間，也表現在城鎮不同階層人口中。他同時指出，在改革進入城市後，政府在基礎設施的建設上大量傾向城市，整個農村不僅在收入方面滯後於城市，在整個社會發展方面也嚴重滯後。目前存在的收入差距擴大、社會保障及環境問題等，其根源都是「我們有一群非常窮的人」，而要讓窮人富起來，最重要的是實現就業，因此必須按照我們的比較優勢發展勞動力密集型產業。

要完成這樣一個發展比較優勢產業為主的增長方式轉變，目前最大的障礙是勞動力密集型的中小企業很難得到金融支持，針對農村金融難題，林毅夫提出了「四位一體」模式，即推廣「龍頭企業[注]＋擔保公司

注：龍頭企業是指在某個行業中，對同行業的他企業具有很深的影響、號召力和一定的示範，引導作用，並對該地區，該行業或者國家做出突出貢獻的企業，被稱之為龍頭企業。

＋銀行＋農戶」的「四位一體」的金融創新方式。實際上，這也是林毅夫多年思索和實地調查研究後得出來的有效方式。

2005年的全國政協十屆三次會議上，作為全國工商聯副主席的林毅夫遞交了一份「推廣龍頭企業擔保公司，增加農民收入，緩解三農問題」的提案。他認為，多年發展經驗表明，要提高農業生產水準，增加農民收入，必須走科技化、市場化的路子，實行產業化經營。在具體形式上，龍頭企業加農戶方式可以有效地將分散的農戶組織起來，解決小農戶與大市場之間的矛盾。該提案是在林毅夫做過多次實地考察的基礎上提出來的。2004年，林毅夫與亞洲開發銀行的工作人員深入四川、河南等地的農村進行考察。根據對幾個縣實際調查的情況，林毅夫分析指出，農村金融系統其實並不缺乏資金。農戶從信用社、農行等金融機構貸不到款的根本原因在於：農戶缺乏銀行在現行制度下可接受的抵押品，信用社、農行又不了解農戶的生產和現金流的情況，對農戶不還款沒有制約機制，因此不敢貸款給農戶。同時，調查還發現，龍頭企業通過提供種牛、種豬、飼料、技術輔導與病害防治，對生產區域內農戶的生產、經營狀況瞭若指掌，而且，通過收購又掌握著農戶的現金流。林毅夫說：「這些都是在金融上非常有價值的信息和制約手段。」

於是，他的思路漸漸清晰起來。「如果由龍頭企業成立一家專業的擔保公司，來擔保和其關係緊密的農戶向信用社或農行的貸款。農行、信用社的風險就會大幅降低，貸款意願就會大大加強，那麼，農戶就可以借到錢來發展生產。對龍頭企業來說，給這些農戶提供擔保風險非常小。而且，根據國家的規定，擔保公司每1元的資本金可以給高達5元至10元的貸款提供擔保，這樣龍頭企業就可以迅速擴大基地規模，做大做強。」這樣，通過實地考察，並與企業家、地方官員以及金融機構負責人進行討論和溝通之後，林毅夫提出一種新模式：選擇經營管理良好，有發展前景的龍頭企業，推廣「龍頭企業＋擔保公司＋銀行＋農戶」的「四位一體」的金融創新方式。林毅夫認為，這種模式有可能成為解決三農問題的突破口之一。

那麼，「四位一體」模式到底具體如何實施呢？

在2005年的「兩會」提案中，林毅夫建議有關部門組織聯合調研小組，探討較大規模推廣龍頭企業擔保公司的可行性，並找出目前開辦龍頭企業擔保公司所遇到的政策、體制上的障礙，提出解決方案。同時，參照中小企業擔保公司的政策與組織形式，制定對農村龍頭企業開辦擔保公司的準入、退出、規避風險、監管、協調機制。參照中小企業再擔保公司的規模，設計一個再擔保機制，使單個的龍頭企業擔保公司的風險進一步分散。再擔保公司還可以起到對擔保公司的規範、監管、協調及義務培訓的角色。此外，龍頭企業擔保公司的建立，可以跳出以財政出資為主的中小企業擔保公司的思路，直接組建民營公司。

實施「四位一體」模式，林毅夫強調要以點帶面，摸索經驗。林毅夫認為，首先可以選擇一個農民收入水準較低的農業大省試點，摸索經驗，然後再向全國推廣。也可以邀請一些國際組織長期參與中小企業擔保機制的設計與推廣。在試點與推廣期間，也可以充分利用這些資源，提高試點成功機率。而政府的角色是宣傳與推動龍頭擔保公司的建立，提供相應的政策平臺。在試點階段，政府可以提供部分資金支援，以減少試點企業的風險。

林毅夫的這個提案引起了政府相關部門的高度重視，國家發改委對「四位一體」解決農戶貸款難的模式表示贊同，並明確表示，可考慮選擇一個農業大省作為試點，探索總結經驗。同時，國家發改委派有關人員赴河南、江西等省的部分市縣進行調研，廣泛聽取當地政府有關部門、金融監管機構和部分銀行、信用社，以及擔保公司、農業龍頭企業和農戶的意見。

實踐出真知。讓林毅夫感到欣慰的是，當他到重慶、四川、黑龍江等地考察時，發現一些地方正在對此模式進行嘗試，有的地方還根據當地的實際情況把當地政府也加了進來，由「四位一體」模式變為「五位一體」模式。「四位一體」新模式，可謂是解決農村金融困境的成功嘗試！

潛心把脈中國經濟的學界「紅人」

今天，在國際經濟學界享有較高知名度的林毅夫成了學界的寵兒。他不僅是中國第一位運用規範的現代經濟學理論和方法研究中國問題的學者，也是國際經濟學界公認的研究中國問題的權威學者之一。

林毅夫，這位經濟學界的「紅人」，正在為中國經濟的未來認真思考著，正在為中國經濟潛心把脈、指導航向。他無時無刻不在關注中國經濟的發展。他多年的研究成果不僅被學界所認同，而且，無論是在中南海，還是在政府高層論壇，抑或在北京大學的課堂每一次演講結束後，都會贏得熱烈的掌聲。

把脈國情　解讀中國經濟現象

2003年12月21日，在第三屆中國經濟學年會「世界經濟與中國開放」論壇上，林毅夫對中國的經濟發展作出如下預測：到2030年，中國的人均收入達到美國的一半不是不可能的，屆時中國人口將是美國的5倍，整體經濟規模將是美國的2.5倍。

這個市場當然會是全世界最大的市場，這將是所有投資者都希望有的市場，也將是人類經濟發展史上前所未有的市場。這就不難理解，為什麼越來越多的知名跨國公司以一種加速度的態勢進入中國。

林毅夫認為，中國的經濟現象是不容易解讀的。如果按照國外現有的經濟模型，很難解釋中國經濟自改革開放以來的高增長。因為1978年中國80%以上的人口是農民，當中很多人文化素質偏低，其中有許多甚至還是文盲，人們在人類歷史上還沒有看到過，這麼大的一個農業國家，這麼低的發展水準，還有這麼多的文盲，能夠以每年7.8%的增長速度持續發展。因而，在1999年、2000年以後，國際上出現了這樣一個看法，中國的經濟增長速度可能是虛假的。這個觀點最早是美國匹茲堡大學的一個研究中國經濟的學者湯瑪斯·羅斯基提出的。後來，美國麻省理工學院的一個學者也發表了一篇文章，認為中國的經濟增長速度，尤

其是1998年以後的經濟增長速度不是7.8%，頂多只有2%，甚至有人認為是負增長。

　　為什麼對中國這幾年的經濟增長有這麼大的疑問？林毅夫認為，很重要的原因是中國在1998年以後，出現了兩個新的經濟現象。而這兩個經濟現象是發達國家在經濟快速增長時從未遇到過的。一個是在經濟高增長的同時伴隨通貨緊縮；一個是在經濟高增長的同時，能源消耗反而下降。通貨緊縮在其他國家發生的時候，它的經濟增長是零增長或者負增長，在政府很強大的財政支持下，增長率才比零高一點。可是中國1998年以後，出現通貨緊縮，但中國經濟增長速度達到7.8%，而且是全世界同時期裡經濟增長速度最快的國家。為什麼中國在通貨緊縮的時候還能維持這麼高的經濟增長速度？

　　林毅夫認為，國外的懷疑，實際上是用國外現有的理論模式來評估中國造成的。中國處於一個轉型經濟時期，國外很多現有的經濟模型是不適用的。為什麼在通貨緊縮的狀況下其他國家的經濟是負增長，而中國經濟卻是高速增長呢？在美國、日本等國家，通常是在出現通貨緊縮之前有一段時間的房地產和股票市場的泡沫。當有泡沫時，一般人的財富是投在房地產市場和股票市場。如果一個人的財富以房地產或者股票的形式保存，當泡沫很高的時候，每個人都會覺得自己有錢，那就會產生一個在消費方式上的財富效用。但是到房地產和股票的泡沫破滅，很多人的財富就消失了，負債累累，因為大部分買房地產是用銀行抵押貸款。在這種狀況下，消費就會減少，由於財富效用造成的消費減少，在高泡沫的時候所投資的生產能力就變成了過剩的生產能力，那麼過剩的生產能力出現之後，投資也會減少。這樣國民經濟就會零增長或者負增長。

　　但是中國1998年以後出現的通貨緊縮卻不是這樣形成的，因為中國並沒有股票市場泡沫的破滅，1998年以後也沒有出現房地產市場泡沫的破滅。

　　那麼中國的通貨緊縮是怎麼產生的呢？因為鄧小平1992年南方談話，帶來了一段時間的連續投資高潮。中國從1978年以後每年的投資增

長很快，1981～1985年投資增長的速度是每年19%，1986～1990年每年投資的增長是7%，1991～1995年每年投資的增長是36%。這個時期，不僅是中國國內的各個領域投資增長很快，外資的增長速度也非常快。幾年下來，中國經濟積澱下來的生產能力增長非常快。如果把1990年的生產能力當作100，到了1995年國有企業的生產能力達到了273，而這段時間，非國有企業、民營企業、三資企業的增長速度比國有企業都快，南方談話之後的這四五年的時間裡，中國的生產能力增長了兩倍多，到了1996年、1997年，中國就突然從一個計劃經濟和短缺經濟，變成了什麼東西都過剩了。中國突然從短缺經濟到了過剩經濟，這些在外國都不會發生，所以他們不能解讀中國在通貨緊縮狀況之下產生的結果。

由於中國的通貨緊縮是生產能力突然提高造成的，就沒有財富效用；而沒有財富效用，消費就維持在過去的速度，即每年的增長在4%～8%。由於生產增加得太快，比消費增長高了很多，所以消費能力不能夠跟上過剩的生產能力，必然會造成通貨的緊縮。過剩的生產能力之下，物價當然會下降，投資也會受到影響，民營經濟的投資從1998年以後比較疲軟，政府在這種情況下，為了維持中國經濟的增長，採取了積極的財政政策，從1998年到現在，中國增發了8000億特殊的長期建設國債來啟動投資，加上這幾年外資增長得比較快，因此投資還是每年以10%的速度在增長。消費在增長，投資在增長，當然經濟能夠維持8%左右的增長。中國和外國產生通貨緊縮的原因，一個是來自消費突然減少，一個來自投資突然增加。這種機制不一樣，所以在中國，在物價下降的情形下，整個國民經濟還是相當強勁地增長。

林毅夫認為，研究一個國家的長期經濟增長，最主要看的是三個方面：第一是這個國家要素增加的速度的可能性是多少。諸多要素當中，土地是不會增加的，勞動力增加受人口制約，重要的是資本的積累速度可能會怎樣。第二是產業結構增加的可能性是怎樣的。同樣的要素用來生產從附加值比較低的產品轉移到附加值比較高的產品的時候，即使各種要素不增加，經濟也增長。第三是技術。同樣的產業，技術水準提高

了，經濟也能發展。中國跟發達國家收入水準的差距，其實就是技術水準上的差距。引進技術，相對來說，投入是低的，風險也是小的。實際上一個發展中國家，能否真正地利用技術差距推動經濟發展的關鍵點，就在於能不能很好地利用與發達國家的技術差距，引進外國的技術，推進快速的技術創新。

那麼，在未來10年乃至20年，中國經濟的增長將會是什麼樣？林毅夫認為，中國經濟發展的態勢完全有可能保持每年8%左右的速度。當然會有所起伏，但是總體上來講，保持8%～10%的速度是完全可能的。

以「窮人經濟學」理論闡釋國策

2005年「兩會」期間，3月14日，國務院總理溫家寶在應邀出席全國人大三次會議舉行的記者招待會上，在回答怎樣解決「三農問題」的記者提問時說：「我想起了諾貝爾經濟學獎獲得者、美國經濟學家舒爾茨的一句話。他說，世界上大多數人是貧窮的，所以如果我們懂得了窮人的經濟學，也就懂得了許多真正重要的經濟學原理。世界上大多數窮人以農業為生，因而，如果我們懂得了農業，也就懂得了窮人的經濟學。我不是經濟學家，但我深知農業、農民和農村問題在中國的極端重要性。沒有農村的小康，就不會有全國的小康；沒有農村的現代化，就不會有全國的現代化。」此次記者招待會後，舒爾茨的名字一夜之間在中國家喻戶曉，舒爾茨的觀點也因此在國內廣為人知。

其實，舒爾茨與中國的淵源頗深，他的思想在中國的傳播始於20世紀80年代。1980年，舒爾茨來華訪問，曾在北京大學、復旦大學等高校演講，他對中國社會主義建設讚譽有加。「窮人經濟學」的概念是舒爾茨1979年在獲得諾貝爾經濟學獎的演講中提出來的。在舒爾茨看來，農業經濟學就是窮人的經濟學，因為世界上大多數窮人都生活在農村。然而，現實情況是，這個世界上，城裡人發現很難理解農村人的行為，富人發現難以理解窮人的行為，於是就認為窮人大概是以另外的邏輯在生活。經濟學家也認為，農民或窮人的行為選擇及他們選擇時所面臨的

約束條件似乎也難以用標準的經濟學理論去解釋，認為農民沒有經濟頭腦，不能充分利用現有資源，從而輕視了對農業經濟學與窮人經濟學的研究。舒爾茨強調，其實農民與窮人的生活邏輯與城市人和富人並沒有太大區別。比如，「窮人關心改善他們的命運和他們孩子的命運並不亞於富人」，「農民的分散耕作比經濟學家想像的有效率，農民也會在成本與收益之間進行仔細的比較」。因此，不要在經濟學研究中歧視農民與窮人，而要認識到絕大多數經濟學原理及標準同樣適用於農民與農業部門。或者反過來說，如果懂得了窮人的經濟學，懂得了農業經濟學，也就是懂得了絕大多數重要的經濟學原理。

經濟作為一門學問，通常總是給人「高高在上，不近人情」的感覺。舒爾茨的農業經濟學研究卻為經濟學帶來一絲暖意和溫情，他將視角投入被社會忽視的群體。他為窮人疾呼，因為他敏銳地體察到，窮人更緊迫地渴望改變他們自身及其孩子的命運，窮人不會對機會的出現無動於衷。讓人欣慰的是，舒爾茨對發展中國家的一些中肯的諫言被包括中國在內的一些發展中國家採納，他所創立的理論為這些發展中國家尋找強盛之路指明了方向。

林毅夫作為舒爾茨的「關門弟子」，他的觀點和舒爾茨是一脈相傳的。他在撰寫的題為《經濟增長方式轉變和「十一五」規劃》的文章中，以「窮人經濟學」理論，對中國「十一五」規劃進行了闡釋。在「十一五」規劃審議通過後，林毅夫是第一位撰文解讀它的學者。

林毅夫認為，豐富的勞動力在我們這個人口大國本來就是「比較優勢」。他在文章中展示了依靠這一優勢發展的理想圖景：在目前這個發展階段，中國勞動力相對豐裕，相對便宜；資本相對稀缺，相對昂貴。所以，中國的比較優勢在於勞動力比較密集的產業以及資本比較密集型產業中勞動力比較密集的區段。發展這樣的產業，中國的經濟在國內、國際市場會有最大的競爭力，可以得到最快速的發展。而且，這些產業能夠多創造就業機會，使包括農村富餘勞動力在內的勞動力能得到充分就業。這些產業具有最大的競爭力，創造的剩餘會最多，投資在這些產

業的資本的投資回報率也會最高，因此，剩餘中用來積累的比例會最大。隨著經濟發展，資本就會從相對短缺變成相對富餘，勞動力就會從相對富餘變成相對短缺。這樣，勞動力的價值會不斷上升，資本的價值也會不斷下降，窮人有比較優勢的資產——勞動力不斷升值，富人有比較優勢的資產——資本不斷貶值，隨著經濟發展，收入分配就會越來越公平。

在這個過程中，城鄉差距會隨著農村勞動力向非農產業的轉移而縮小；同時收入提高了，污染行業和安全達不到標準的工作就不會有人願意去幹，污染的行業就會萎縮，工礦的災難就會減少；大量不適宜有經濟活動的邊遠山區和草原的農民、牧民也會轉移出來，降低環境的壓力。因此按照比較優勢來發展經濟，就有可能實現城鄉、地區、經濟與社會，人與自然、國內與國際的統籌發展。

7

樂觀、睿智的
「中國」探索者

　　林毅夫，一個樂觀的探索者，一個睿智的探索者。改革開放30多年來，林毅夫從來沒有停止過經濟學研究。他在縝密的分析和銳利的洞察之後，對中國經濟的發展信心滿懷。他把探索看作一種職責：他在探索中國經濟的「哥德巴赫猜想」，他在解析「李約瑟之謎」，他在破譯中國高科技，他在總結中國經驗的同時，向中國，也向世界回答了一個問題：「中國能夠養活自己。」

　　作為一名學者，林毅夫有著學者應有的睿智、膽識和心智。他對中國未來發展具有獨到的戰略眼光。他讓我們相信，中華民族的崛起不是夢。對他來說，最大的幸福莫過於中華民族的偉大復興。

「樂觀是我的一貫態度」

對中國經濟的發展，林毅夫向來都是一個樂觀主義者，他相信在發展中國家，貧窮並不是命運。「我想貧窮也不是中國的專利，只要有胸懷，只要有眼光，只要有目標，只要有執著的精神，中國的富強是一定會從必然王國走向自由王國。」他堅信，當下中國面臨著一個空前的好時代。他預言：中國必將在2030年左右成為世界最大經濟體。可以說，樂觀已經成為他的一貫態度。

樂觀的探索者

林毅夫在中國經濟問題研究中，始終扮演著一個睿智而樂觀的探索者身分。對於中國20多年間的變化，他毫不誇張地形容，那是一個不曾有過的奇蹟。「20世紀80年代初，鄧小平提出20年內國民經濟翻兩番的戰略構想，沒有一個經濟學家有信心，我也將信將疑，但實際上，我們已經超過了。」在他看來，一個發展中國家的命運很大程度上取決於政府的政策，今天的成就和領導人實事求是的態度關係密切。2004年6月21日，他曾告訴1993年諾貝爾經濟學獎得主羅伯特‧福格爾，中國將可能是世界上第一個實現復興的文明古國。他甚至樂觀地論證，中國將在21世紀中葉成為世界經濟強國，21世紀將會是中國經濟學家的時代。

林毅夫解釋說他對中國經濟持樂觀態度的根本原因是，「我們國家一直在尋求問題的解決，意識形態的作用在淡化，關於改革的討論始終按照經濟和市場的邏輯，符合實事求是的精神」。「在國務院工作的時候，我到全國各地去考察，那時中國的情緒很極端，一邊是極度理想主義的狀態，一邊非常悲觀，甚至有人開始懷疑，中國人是否會被開除『球籍』。」

1987年之後，看著中國從「文化大革命」後的反思逐漸過渡到狂熱的理想主義，以及後來的個人主義興起，林毅夫開始覺得中國正走向全方位的改革，在他看來，這需要理論和教育。從國務院農村發展研究中

心發展研究所到國務院發展研究中心農村部，再到創辦中國經濟研究中心，他從未停止提出關於國家決策的建議，這些建議，涉及農業、國企改革和金融方面的種種問題。一些建議直接被採納，制定成了政策法規，另外的一些建議也以不同的方式在日後的政策中有所呈現。

林毅夫作為中國經濟樂觀派的代表人物，他對於中國經濟的未來走向、發展態勢等大問題，都持樂觀態度。例如，關於「入世」的利弊問題，林毅夫明確指出：「入世」利大於弊。從總體上來講，中國加入WTO是有利的。「當然，對加入WTO問題也有很多爭議。尤其從短期看，過去我們在傳統計劃經濟體制下和高關稅下發展了很多不具有比較優勢的產業，開放後有被打垮的威脅。但是加入WTO並不是一下子把保護全拆掉，而是有一個時間表逐漸取消。我想這個時間表有好處，因為它使你有改革壓力。」林毅夫說，「改革總是有痛苦的，自然有人反對。但是應該判斷的是，從長期看是否有利，從短期看是否有調整的時間。」

樂觀，並不是盲目自信，而是在調查研究的基礎上，在諳熟中國實際和世界趨勢的情況下，所表現出來的一種態度，這是一種審慎的態度。正如優秀是一種習慣一樣，對於林毅夫而言，樂觀就是一種一貫的態度。熟知中國國情，又感悟著世界風雲的林毅夫，保持著對中國一貫的信心。2004年，林毅夫在接受《南風窗》專訪時明確表示：「我相信中國。」「我相信中國很可能在21世紀成為全世界最大、最強的經濟體，發生在中國的經濟現象也就會成為世界上最重要的經濟現象。」

2008年北京奧運會後，不少人根據前幾屆奧運會後主辦國經濟狀況的變化，認為奧運後經濟衰退是個魔咒，奧運會後，中國經濟有可能出現衰退。對這個問題，林毅夫認為，2008年北京奧運會之後，中國經濟不會出現蕭條。跟其他舉辦奧運會國家的經濟規模比較起來，中國的經濟規模要大許多。2007年中國經濟規模為3萬億美元，與雅典奧運會舉辦國希臘相比，中國的經濟規模是希臘的16倍。所以，北京奧運會的投資數目雖大，但跟中國龐大的經濟規模相比，這些投資並不多。對於中

國經濟走勢來說，中國還具有很大的產業升級空間，後發優勢很大。加上中國儲蓄率又比較高，外國投資還不斷湧入中國，中國應該是世界最好的市場，也是最好的出口加工基地。中國政治經濟都相對穩定，即使在世界經濟增長放緩的情況下，中國經濟維持8%～9%的增長速度，應該是沒問題的。

對2008年美國金融危機後，中國的經濟發展是否會受到影響這個問題，林毅夫認為，總的來說，這次金融危機對中國直接衝擊比較小，但並不能說就沒有間接影響，間接影響就是美國經濟會放緩。而考慮到中美貿易規模龐大，這就會影響到中國出口。至於中國應該如何應對這場危機，在國際經濟形勢比較疲軟的情況下，林毅夫認為應該增加內需。中國在刺激內需方面還有相當大的潛力。一方面，中國的城鄉差距很大，新農村建設還有許多項目可做，基礎設施建設的空間也很大；另一方面，中國財政狀況也比較好，有刺激內需的力量。本來中國就提出構建和諧社會，即便沒有國外的壓力，我們也應該這麼做；更何況，現在靠出口拉動經濟增長的空間變小了。美國希望全世界合作解決目前的危機，也不僅僅希望和中國合作。但中國經濟穩定快速發展，就是一大貢獻。如果中國經濟保持快速發展，就能創造更大市場空間，中國產業升級的空間也挺大，這些投資總需要一些資本品的投入，這其中不少就來自發達國家。其實在前幾年我們就看得非常清楚，中國經濟快速穩定發展，一方面中國本身出口增長了，另一方面也給世界提供了更大的市場機會。

2030年中國經濟有望趕上美國

2006年5月25日，在武漢舉行的東湖論壇上，時任北京大學經濟研究中心主任的林毅夫大膽預言，2030年，中國 GDP 將居世界第一。他表示：「如果中國經濟按照『十一五』規劃發展下去，到2030年，中國將是世界上經濟最強大的國家。」

林毅夫的斷言並非一時衝動，也絕非狹隘的民族主義，而是在分析

了中美關係現狀，通過對比中美崛起過程中的異同，審慎地作出判斷的。談到中國經濟高速發展問題時，林毅夫講述了一個自己親身經歷的小故事。「1987年，我是第一個從國外拿到博士學位回國來工作的。當時政府有一個特別政策，回來時可以免稅帶一輛汽車。那時汽車關稅很高，215%。我帶了一輛汽車回來，去北京交通管理部門登記時，交管部門跟我講，這是全北京第二輛私人擁有的汽車。可是2003年，北京市的家用汽車總量達到200萬輛，當中150萬輛是私人擁有的。」林毅夫由此感歎：過去的30年是非常了不起的30年。「我們的追趕速度特別快。」「打個比喻來說，就像在高速公路上開車，當你後面有一輛負載巨大的卡車以兩三倍的速度接近你時，你心裡的安全感就會消失，所謂『中國威脅論』就很容易提出來了。」

美國與中國，一個是最大的發達國家，一個是最大的發展中國家；一個是獨佔鰲頭的領先者，一個是勢頭迅猛的追趕者。毫無疑問，它們正在進行一場偉大的「賽跑」。林毅夫認為，中美之間的這場「趕超與被趕超的賽跑」基本上不會影響中國的經濟。「我想『中國威脅論』造成的政治上的對外環境的摩擦，應該也不會對中國的經濟發展有太大的影響。」原因如下：首先，美國和國際上最關心的問題是怎麼來制止恐怖主義，以及怎麼樣來解決朝鮮和伊朗的問題，而這兩個方面和中國的合作是非常重要的。其次，中國的經濟發展本身對美國這樣的發達國家的大公司非常重要，因為這些大公司基本上都是上市公司，這些公司的老總要坐穩他的位置，每年其經營業績一定要有所增長，需要有像中國這樣一個巨大的市場為他們服務，對於美國公司而言，經濟利益是最實實在在的。

對於中國是否能夠扮演帶動世界經濟發展龍頭動力作用問題上，林毅夫也有其獨到的見解。「這取決於中國經濟未來的發展態勢。中國的經濟高速增長已經維持了30年，繼續高速增長20多年是有可能的。」

林毅夫經過研究認為，30年的改革開放，造就了人類經濟史上一個最偉大的奇蹟，這30年中，中國的經濟規模增長了7倍。從購買力評價

傳奇學人 林毅夫

計算，中國是世界第二大經濟體；是僅次於美國和日本的世界第三大貿易體；是僅居美國之後的世界第二大外資吸引國；是世界第一大外匯儲備國。可以說，世界貧困人口的減少主要發生在中國。而中國的騰飛為世界經濟的發展作出了巨大貢獻。

在20世紀90年代末席捲東南亞的金融危機中，受到衝擊的各國紛紛貶值本國貨幣，以增加出口競爭力，彌補中央銀行外匯儲備的虧空：泰銖兌美元由25：1降至70：1，韓元兌美元由700：1降低至1700：1。各國貨幣的相繼貶值加重了金融危機造成的災難。然而，儘管出口貿易同樣受到了衝擊，中國仍堅定地表示出「人民幣不貶值」的決心，並頂著全世界將信將疑的目光，將「人民幣不貶值」進行到底。人民幣的堅挺，使得在短短2年時間裡，整個東南亞經濟就恢復了元氣。可以說，中國負責任的經濟政策惠及整個東南亞！

進入21世紀，世界主要國家的經濟都處於疲軟狀態，中國成為世界唯一經濟快速增長的大國，並帶動了相關貿易國的經濟增長。林毅夫曾做過一個專項研究，以中國的進口額為變數，研究出口國經濟增長特徵。資料表明，對中國出口較多的國家，其經濟增長都比較快，中國已經成為拉動亞洲經濟乃至世界經濟的火車頭。

林毅夫預言，中國將維持20～30年平均9%的高速發展，國民人均收入水準將在2030年達到美國人均收入水準的20%，從而成為世界第一大經濟體。中國人口是13億，美國人口是3億，中國達到美國人均收入水準20%，經濟總量就會與美國一樣大，如果達到30%，經濟總量就是美國的1.5倍，達到40%，經濟總量就是美國的2倍，毫無疑問地成為世界最大的經濟體。

這一預言並非盲目樂觀，無論從宏觀經濟發展史還是近年來經濟發展的微觀資料來看，中國都具備躋身經濟強國最前列的實力。

對現階段中國經濟發展的狀況，林毅夫也有其深刻的理解：「我覺得中國現在的問題，有它的表象跟它深層的原因。從表象來看的話，我們知道有所謂三過，投資增長過快，信貸貨幣投放過多，外貿順差

過大。這是我們這幾年一直看到的，大家也感覺到這個社會當中的收入差距越來越大，城鄉差距越來越大，社會發展的滯後，那麼這些問題背後的原因是什麼？我個人的看法就是我們從計劃經濟向市場經濟過渡當中，採取一個漸進式的雙軌制，應該是讓中國改革開放30年經濟能夠快速增長的一個很重要的原因，但是也有它必然的代價。你既然用雙軌漸進式，就代表你有很多舊的體制的問題，還沒有完全解決。其實我們看到的很多問題，都跟很多舊的體制的問題沒有解決是相關的。我相信，中國快速的經濟發展，可以再持續10年、20年、30年。」

崛起不是夢：機遇大於挑戰

在林毅夫看來，中國的崛起不是夢。但從中國現階段的社會發展狀況來看，林毅夫認為，中國經濟發展可謂機遇與挑戰並存、動力與壓力俱在。「一方面，後發優勢為經濟增長提供了巨大的潛力；另一方面，保持增長面臨著來自經濟的週期波動、城鄉差距擴大等方方面面的挑戰。」

一國經濟的增長主要取決於以下三個因素：各種生產要素尤其是資本的增加；生產結構從低附加值的產業向高附加值的產業的升級；技術的進步。其中，最重要的是技術進步。發展中國家技術進步有兩種實現方式：自主研發和技術引進。用後發優勢在經濟發展的早期階段，以引進技術為主來實現技術的快速進步和經濟的快速轉型與增長，是日本和「亞洲四小龍」等國經濟實現快速增長的關鍵。中國經濟從1978年改革開放開始，才走上了跟日本和「亞洲四小龍」同樣的快速增長的道路。根據一些學者的研究，中國在2000年的發展水準相當於日本1960年、韓國1970年時的發展水準。

林毅夫分析指出：在經濟發展潛力巨大的同時，中國也存在一系列可能威脅經濟可持續發展的問題。歸納起來，表現在：

經濟的週期波動。從1978年改革開放以來，中國經濟平均每年的增長速度很快但很不平衡，這種快速增長是在週期波動中實現的，近來這

種週期似乎更加頻繁。伴隨著週期波動，國民經濟總要付出不少代價。林毅夫認為，國民經濟的波動可能跟發展中國家的企業對升級的產業容易達成共識有關，在地方政府的推波助瀾下，就會形成一波一波的「潮湧」現象，所以，需要中央政府在宏觀經濟的治理上發揮積極的作用。

城鄉和地區收入差距擴大。從20世紀80年代中期開始，中國城鄉個人收入差距出現了近10年的不斷擴大過程。如果把城鎮居民的醫療補貼、教育補貼等因素考慮進去，其差距更為懸殊。與此同時，中國的東部、中部、西部的收入差距也在逐漸擴大。城鄉收入分配差距的擴大會減少農村居民對人力資本的投資，從而阻礙中國勞動力整體素質的提高；還將會降低中國居民整體的邊際消費傾向和平均消費傾向，從而降低中國的總消費需求水準。

所以，需要致力於社會主義新農村的建設，以縮小城鄉差距；也需要在東部率先發展的同時，繼續推動西部大開發、中部崛起和東北等老工業區的改造，以縮小地區差距。

就業壓力。 2003年中國就業缺口已達1643萬人。據估計，在未來的十幾年內，除現有的失業人口，中國年均增加勞動力將達到600萬人。與此同時，中國經濟增長對就業的拉動作用呈越來越小的**趨勢**。按最樂觀的估計，即假設增長就業彈性為0.1，中國在2010年、2015年和2020年，都將有4000萬以上的就業缺口。如果出現大量的失業人群，將會影響社會的穩定。因此，需要進一步發揮勞動密集型的中小企業吸納勞動力的作用，必須建立健全促進小企業發展的法律保障體系。

金融體系的隱憂。 銀行的呆壞帳比例高是造成東亞金融風暴的主要原因之一。在1997年東亞金融危機發生時，中國四大國有商業銀行的呆壞帳比例比發生金融危機的泰國、馬來西亞、印尼、韓國等國家的還高，當時，由於中國資本帳戶沒有開放，人民幣不可自由兌換，因此避免了這場金融風暴。中國必須鞏固目前商業銀行改革取得的成果，強化銀行貸款的信用文化，防止銀行危機的爆發。

貪污腐化的滋生。 改革前，中國社會各階層收入來源比較單一，貪

污腐化現象容易察覺，也容易遏制。改革後，物質刺激成為提高效率的主要手段，每個人的收入來源因而變得多元化，但這種多元化在提高人們生產積極性的同時，也為形形色色的灰色、黑色收入提供了各種保護傘。政府官員可以用手中擁有的權力，換取各種物質利益而難以被察覺。政府官員的貪污腐化，會擴大改革後原本就難以避免的收入分配的不平等，降低了政府的公信力。

出口增長的可持續性。從1978年到2005年，中國出口總額從97.5億美元上升到6599.5億美元，年均增速達到16.9%。中國的出口增長給許多國家造成了壓力，從1996年至今，中國已經連續成為世界上反傾銷頭號目標。伴隨著經濟發展而來的產業結構升級，中國的貿易結構和發達國家的貿易結構的重複程度會更大，這會給中國產品出口到發達國家帶來更大的壓力。可以預計，在未來的十幾年內，針對中國出口產品的反傾銷案例還會越來越多。

另外，由於大部分發展中國家都在逐漸調整發展戰略，也在遵循自己經濟的比較優勢進行發展，而中國和這些國家的要素稟賦結構相類似，出口的產品也大多為勞動密集型產品，因此符合中國比較優勢的出口產品在世界市場也將面臨更加激烈的競爭。在這種狀況之下，中國的企業除了應該在WTO的框架內據理力爭，積極應訴，維護中國企業在國際貿易中的正常權益的同時，還必須改變舊的產業組織形態，以跨國公司的形態走出去，充分利用所有權優勢和東道國的區位優勢，繞開或者部分繞開反傾銷壁壘。

在新形勢下，黨和政府適時提出了科學發展觀，在追求國民經濟快速增長的同時，要實現城鄉地區、經濟與社會、人與自然、國內與國外市場的統籌發展，以實現以人為本、構建和諧社會的發展目標。

林毅夫認為，這是對新形勢下中國經濟發展的機遇和挑戰的正確反應和回應。

他相信：在21世紀中期，中華民族的重新崛起將不是一個遙不可及的夢。

最大的幸福是中華民族的復興

2008年是中國改革開放30周年，回想這30年的偉大實踐，讓人心潮澎湃、激情萬分。在林毅夫的心中，一直滿懷著對中國的赤子之情。林毅夫說：「促進中華民族復興是非常大的幸福。」那麼，在林毅夫心中，為什麼國富、國窮的問題這樣令他著迷呢？

林毅夫回答說：「國富、國窮」是自英國經濟學家亞當·斯密《國富論》以來，經濟學家一直研究的重要問題。之前人們已經對此有很多認識，也還有很多問題沒有解決。如果能在這個問題的認識上作出分毫的改進，就會帶來人類財富的巨大增加。對一個經濟學家來說，這是一個回報非常高、也極具挑戰性的研究題目。林毅夫說，中國的知識份子一向以天下為己任。「國家興亡，匹夫有責。」因此，如果能夠以自己的研究促進中華民族的復興，那也是非常大的幸福。

回顧改革開放的30年，中國的確發生了偉大的變革。1978年12月18日，黨的十一屆三中全會在北京舉行。大會作出了實行改革開放的偉大決策，中國發生了舉世矚目的歷史轉變。30年間，中國從經濟瀕臨崩潰的邊緣轉而成為全球第四大經濟體。

2008年，林毅夫在紀念中國改革開放30年學術研討會上，就中國改革開放30年進行了回顧與展望。他指出：中國過去30年來改革開放所取得的成就，是現有的經濟學理論所不曾預料到的，其間出現的許多現象也難以用現有的理論來解釋。中國在未來改革開放的事業上，不能不參考、借鑒發達國家的理論和經驗，但是，作為一個快速發展和轉型的國家，中國的發展階段和國情與發達國家不同，在未來問題的解決上不能簡單地照搬發達國家現成的理論和經驗。他指出：解讀中國發展沒有現成模式，解決中國問題也沒有現成答案。中國經濟理論和政策研究者需要如黨的「十七大」報告所提出的那樣，立足國情，解放思想，「推進學科體系、學術觀點、科研方法創新」，這樣才能承擔中國改革開放事業「思想庫」的重要使命，為中國經濟的發展作出積極的貢獻。他指出，中國只要能夠保持政治穩定，堅持改革開放，解放思想，實事求

是，針對問題解決問題，在未來二三十年一定能發展成為世界上最大、最有影響的經濟體。中國將迎來國際級的經濟學大師在國內輩出的嶄新時代。

在這樣一個民族復興的偉大時代，在林毅夫的心中，一直埋藏著一個「團圓夢」。林毅夫語重心長地說：「由於歷史原因，海峽兩岸暫時分離，不過，大陸的經濟發展勢頭迅猛，這給台灣人提供了一個更大的發展空間，也為未來兩岸的和平統一奠定了深厚堅實的基礎。」

在2008年的兩會上，面對媒體的採訪，林毅夫說「臺灣宜把握機會，和大陸一同起飛」。其對故鄉的殷殷之情可見一斑。實現兩岸關係的和平發展，可以說是林毅夫的畢生追求。當初他不惜冒著生命危險泅水來到大陸，目的就是探尋兩岸和平統一的出路。至今，這依然是他的一個未了心願。針對臺灣如何發展的問題，林毅夫說：「我很關心臺灣，這幾年看到台灣面對很多機會，卻一個個喪失。在『亞洲四小龍』中，以往臺灣經濟的發展始終強於韓國，但是這兩年被韓國超越了，其中的原因就是韓國在非常積極地利用中國發展經濟。我覺得，臺灣未來的經濟發展還是要在抓住大陸經濟以後的20年、30年裡實現持續快速的增長，才能獲得更好的發展。經濟是基礎，所以政策應該從臺灣人民的利益出發。」針對台商如何到大陸興辦企業的問題，林毅夫說：「台商多是勞動力密集型，但大陸勞動力成本不斷提高，面對這種情況台商有兩種選擇：一是再往大陸內地遷移，因那裡勞動力成本相對便宜；另一個是提高技術水準及產品水準。長遠來講，我還是贊成第二種方法，供台商參考。」多年來，不論在何地何時，享受何等光榮嘉譽時，林毅夫總是自稱「我是臺灣人，我是中國人」，他多次在全國兩會上，提交鼓勵台商來大陸投資並予以方便實惠的提案，他還就臺灣經濟發展發表了為數不少的文章。

談到自己的成就，林毅夫感觸頗深。他說，從我過去這20多年的經歷來看，沒有中國的改革開放也就不會有我個人的學術成長空間，沒有改革開放，同樣不會有我個人在中國現代化大潮中的立足點。

「探索是我的一貫職責」

在全世界經濟學家中，最有資格正確解釋中國改革和發展的，理所當然是中國經濟學家。這些年來，有這麼一位「海歸」派學者一直在孜孜不倦地探索解決世界上最複雜、最艱深的經濟學上的「哥德巴赫猜想」——中國經濟問題。他是中國大陸第一位運用規範的現代經濟學理論和方法研究中國問題的學者，也是國際經濟學界公認的研究中國問題的權威學者之一。他是在國際學術界產生重大影響的中國經濟學家。

探索：實現「可持續發展」的策略

「可持續發展」的概念最先是1972年在瑞士斯德哥爾摩舉行的聯合國人類環境研討會上得以正式討論的。當時擬出的定義有幾百個之多，最廣泛地被採納的定義產生於1987年世界環境及發展委員會的報告《我們共同的未來》中，即可持續發展是既滿足當代人的需求，又不對後代人滿足其需求的能力構成危害的發展。針對人類一邊發展經濟，一邊破壞賴以生存的大氣、淡水、海洋、土地和森林等自然資源和環境，乃至危及當代及子孫後代賴以生活和發展的空間等問題，可持續發展提出的基本要求就是「絕不能吃祖宗飯，斷子孫路」。

可持續發展的緊迫性和必要性已經成為社會各界的共識。問題的關鍵是，究竟是哪些因素令資源、環境消耗和退化的速度超過了其再生、補充或人造資源替代它們的速度，從而使發展變成不可持續？2000年，林毅夫從經濟學的角度對可持續發展的問題提出五點看法和建議。

林毅夫認為，實現可持續發展，第一要明確和穩定產權。資源產權不明，使得企業和個人使用資源的直接成本小於社會所需付出的成本，而使資源被過度使用，發展變為不可持續。例如對清潔空氣的無償共用導致空氣被嚴重污染；對河流的公共所有導致許多家庭向其中傾倒垃圾，企業向其中排放污水；對森林資源的共用導致林木被亂砍濫伐；對漁類資源的共用則鼓勵了濫捕濫撈的行為……像日常所見的如北京、武

漢這樣的一些大城市的交通堵塞，也具有「公地悲劇」的特點：無償使用的街道是公共資源，新車方便了新的車主，但每一輛新加入的車都會使交通更為堵塞，迫使所有先前的車主將車速減慢。產權穩定和產權明確同等重要。如果產權不穩定，即使產權明確，也會對資源進行掠奪性的使用。如在中國農村推行家庭聯產承包責任制的初期，承包期太短，農民擔心下一回承包的土地不會是同一塊，因而在一些地方出現農民缺乏對土地進行長期投資的積極性，甚至出現掠奪經營的情形。

第二，要按比較優勢發展農業。歷史上，中國西南和西北的許多省、自治區靠其植物、礦產和草場資源的優勢發展當地經濟，部分糧食則經由市場從華南和華中的省份獲得。但自1950年推行了計劃經濟體制以後，各地區的糧食自給自足變成了一個政策目標。結果，那些本來在糧食生產上不具有比較優勢的地區被迫將大量的山坡林地或是草場改種糧食作物，這樣一來，一方面降低了資源配置的效率，另一方面還破壞了植被，造成了水土流失、草場沙化。因此，以市場為紐帶，讓各地區按照比較優勢來發展經濟，對經濟的可持續發展也至關重要。

中國地域遼闊，各地的資源稟賦很不相同，有些地區在糧食作物的生產上具有比較優勢，而另一些地區則在非糧食作物或其他產品的生產上具有比較優勢。在各種產品有全國統一市場的情況下，前一類地區將多生產糧食，並和後一類地區交換非糧食產品，而後一類地區則少生產或不生產糧食。這樣，不僅雙方都能從地區間的貿易中獲得好處，而且，各地的產業結構和其資源稟賦條件相吻合，也有利於各類資源的最佳配置和可持續使用。

另外，不僅國內的各地區經濟應該按比較優勢來發展，世界各國也有不同的比較優勢。中國人多地少，人均可耕地面積相對較少，在糧食生產上不具有比較優勢。如果中國要達到全國的糧食自給自足，勢必要把許多不太適合種植糧食的土地也用來生產糧食，這樣，環境的壓力、土地資源的耗費就會較大。如果進行國際分工，通過國際市場進口一部分糧食，就相當於進口了中國相對稀缺的土地資源，既有利於中國資源

的有效配置，也有利於中國經濟的可持續發展。從這個角度看，加入WTO對中國經濟實現可持續發展也是有益的。

第三，人口遷移是實現可持續發展的有效途徑。中國地域遼闊，有些邊遠地區自然生態條件十分惡劣，土地貧瘠，缺乏有價值的優勢資源，而且交通困難，信息阻塞。改善這些地方人民生活條件，減輕環境壓力的最有效辦法就是將這些地區的居民遷移出去，以避免他們對周圍資源和環境的掠奪性使用。

第四，通過發展經濟實現可持續發展。經濟發展了，環境也會改善。許多實證研究表明，造成環境惡化的首要原因常常不是別的，正是貧困。而貧困顯然只有靠經濟發展才能徹底解決。一般來說，對自然資源的破壞，通常是人們直接以自然資源作為生產的投入要素的結果。而任何國家在低發展水準時，大量的人口總是從事以自然資源為直接投入要素的農業、採礦業等第一產業。經濟發展了，產業結構將發生變化。經濟越發展，從事第一產業的人口比例就越少，而從事工業、服務業等自然資源使用量少的產業的勞動力就越多。經濟發展實際上能減輕人們對自然環境直接進行開發和利用的壓力。環境保護需要有一定的物質投入，經濟越發展，可利用的經濟資源越多，可用於環境保護的資源也越多。而且，經濟越發達，人們的收入越高，對包括擁有一個乾淨清潔的環境在內的生活品質的要求將越高，這將推動著人們去尋求改善環境，實現可持續發展的具體途徑。

第五，技術進步是實現可持續發展的保證。經濟的發展以新技術的不斷湧現為基礎。只有在新技術的直接推動下，產業結構不斷向高級化發展，才有可能將大量人口從直接依賴自然資源的第一產業中釋放出來。技術進步推動經濟發展，而經濟發展和收入水準的提高，將推動社會將更多的資源用於環保型技術的研究、推廣和運用。

解析：「李約瑟之謎」

李約瑟（1900—1995）是英國著名生物化學家，曾因胚胎發育的生

化研究而取得巨大成就。他在37歲以前對中國一無所知。1936年，沈詩章、王應睞和魯桂珍三位年輕的中國學生前往劍橋大學生物化學實驗室攻讀博士學位，從那時起，李約瑟便與他們朝夕相處，開始了解中國科學文化背景、中國語言文字傳統。在他們的影響下，李約瑟也開始對中國產生濃厚興趣，他決定開始學習中文，以便閱讀古典中文原著。對李約瑟來說，他是第一次見到中國人，他對喜歡穿旗袍、身材比較豐滿的魯桂珍一見鍾情。從20世紀40年代到20世紀80年代，魯桂珍曾陪李約瑟八次訪華。1989年，89歲的李約瑟和85歲的魯桂珍在相識52年後，終於在劍橋大學凱思學院教堂舉行了感人至深的婚禮。李約瑟動情地說：「娶中國人為妻，最能說明我對中國文化的摯愛！」令人痛心的是，1991年11月28日，魯桂珍溘然仙逝。魯桂珍臨終前，李約瑟緊緊抓著她的手。人們說，李約瑟的手改變了西方人對中國文化的無知和偏見，魯桂珍的手卻改變了李約瑟的人生道路。讓人備感遺憾的是，1995年3月，李約瑟也追隨愛妻上了天堂，享年95歲。

李約瑟讀的第一部古典中文原著是《管子》。對中國古代典籍的學習，為李約瑟後來對中國的研究打下了堅實的基礎。

1942年，李約瑟接受英國政府派遣，作為皇家科學院代表，前往中國援助受日軍封鎖的中國科學家。在中國工作期間，李約瑟實地考察了大半個中國，東到福建，西至敦煌的千佛洞，並結識了中國各行各業的學者，開闊了眼界。他與他們討論了中國古代歷史文化、科學發展和社會經濟等一系列學術問題，由此萌發了撰寫《中國科技史》的想法。1954年，李約瑟出版了《中國科學技術史》第一卷，轟動了西方漢學界。這本書引用大量詳實的資料，來證明中國文明在世界科學技術史當中的重要作用。李約瑟在認真研究中國古代科學技術成就和考察中國科學技術的現狀後，在其巨著《中國的科學與文明》中寫道，除了最近的兩個世紀或三個世紀之外，歷史上中國在絕大多數主要的科學技術領域一直遙遙領先於西方世界。歷史學家一般都承認，到14世紀，中國已經取得了巨大的技術和經濟進步，具備了發生工業革命的幾乎所有主要條

件。但是，中國卻沒有再向前邁進，當18世紀末英國工業革命爆發後，就被遠遠地甩在了後面。1840年，鴉片戰爭的爆發更是使中國淪入了半殖民地半封建的境地。古代的光榮與近代的屈辱一直困擾並影響著今天的中國。李約瑟將這樣一個矛盾歸納為如下具有挑戰性的兩難問題：第一，為什麼歷史上中國科學技術一直領先於其他文明？第二，為什麼到了現代中國科學技術不再領先於其他文明？這就是著名的「李約瑟之謎」。李約瑟本人的答案是：第一，中國沒有具備宜於科學成長的自然觀；第二，中國人太講究實用，很多發現滯留在經驗階段；第三，中國的科舉制度扼殺了人們對自然規律探索的興趣，思想被束縛在古書和名利上，「學而優則仕」成了讀書人的第一追求。李約瑟還特別提出了中國人不懂得用數字進行管理，這對中國儒家學術傳統只注重道德而不注重定量經濟管理是很好的批評。

對這樣一個矛盾的問題作出科學的解釋是非常重要的，它不僅僅是一個歷史研究問題，更重要的是還有助於找出一條通往現代化的道路。對於這樣一個難題，不少學者已經作出過不同的解釋。其中林毅夫在1992年發表的《李約瑟之謎：工業革命為什麼沒有發源於中國》一文，不僅詳細地介紹了「李約瑟之謎」及其意義，評述了前人的假說，而且還提出了自己獨特的供給不足假說，並作出了頗具說服力的解釋：「我個人認為科學革命沒有在中國發生，原因不在於惡劣的政治環境抑制了中國知識份子的創造力，而在於中國的科舉制度所提供的特殊激勵制度，使得有天賦、充滿好奇心的天才無心學習數學和可控實驗等，因而，對自然現象的發現僅能停留在依靠偶然觀察的原始科學的階段，不能發生質變為依靠數學和控制實驗的現代科學。」

林毅夫指出，8～12世紀，在中國的宋朝，人口從較為乾旱的北方大規模南遷到濕潤多雨的南方，相應的交通工具從馬變為船，合適的糧食品種從高粱、小米轉為高產的水稻，合適的交通工具、生產工具等也隨之改變，導致這段時間裡較快的技術創新和經濟增長。中國因此維持了多年的領先於西方和世界各個文明的地位。

真正使得中國從宋朝以來的長期領先迅速轉變為近代的落後的最主要原因是科學革命沒有發生在中國，卻在15、16世紀時發生在歐洲。儘管中國早在14世紀的明朝時就具備了歐洲18世紀出現工業革命的許多重要條件，並且有了資本主義的萌芽。但是，由於科學革命未在中國發生，技術在原始科學的條件下達到一定的高度後再進一步發明的瓶頸不能被打破，沒有技術的不斷進步，資本也就無法不斷深化，資本主義生產關係的發展受到限制，以至於歐洲18世紀發生了工業革命，資本主義生產關係迅速發展。19世紀，當西方用艦炮打開火藥發明國度的大門時，中國仍停留在資本主義萌芽時期。由於沒有發生西方的科學和工業革命，在西方科技日新月異之後的短短百年時間，中國曾經擁有輝煌成就的國際經濟和政治地位一落千丈，使中國和西方的國際地位的比較出現巨大的逆轉。

起初的鴉片戰爭雖使中國認識到了西方器物的先進，但天朝上國的迷夢依然未醒，於是在「中學為體，西學為用」的思想指導下，由許多清政府官員發起了意在自強的「洋務運動」，向西方購買槍炮、戰艦等先進器物，興辦近代工業等，試圖「師夷長技以制夷」。可是這美好的幻夢在1894年中日甲午海戰中被徹底粉碎。中國的知識份子意識到，中國的落後不只在於技術，也在於制度和組織，因而又分別由立憲派發動了試圖建立君主立憲制的戊戌變法，以及由資產階級革命派發動了試圖建立民主共和制的辛亥革命。但是，這些制度變革的努力，並未改變中國落後挨打的局面，儘管1912年推翻了清廷，建立了「中華民國」，但很快軍閥混戰卻使得中國更加民不聊生。

縱觀中國近代百年亂局，雖有洋務運動、維新變法、辛亥革命等嘗試，但歷屆政府都未能採取積極有效措施應對西方先進技術的挑戰，經濟結構的現代化進程緩慢。戰爭外侮使中國喪失了諸如海關、鐵路等經濟主權，並對經濟破壞巨大；戰爭賠款則使資本更加缺乏。戰爭還對勞動力資源造成了巨大破壞，貧困和缺乏教育形成惡性循環，勞動力素質低下。百年亂局還使得中國始終缺乏穩定的經濟發展環境。總之，經濟

增長被技術落後、戰爭破壞以及賠款外侮所阻滯。只有到了1949年新中國成立，中國才迎來了推動快速工業化、現代化的和平建國新時代的到來。

林毅夫認為，這就是「李約瑟之謎」的謎底所在。

破譯：中國該怎樣發展高科技

在林毅夫看來，高科技對中國人來說有著太多的意義。自鴉片戰爭以來，科技強國一直是中國人不曾破滅的夢想。多年來，林毅夫一直在關注中國的發展戰略，並形成了自己的一套理論。林毅夫認為，不同國家在不同的發展階段有不同的要素稟賦，資本與勞動力的相對稀缺程度是不同的，適用於發達國家的技術未必適用於發展中國家，因為發達國家的資本豐富，發展中國家的資本缺乏。一個國家最合適的技術應該由它的要素稟賦來決定，一個國家最優的技術和產業結構是內生決定的，決定於它的要素稟賦結構。發展比較好的國家和地區，如日本和「亞洲四小龍」，其實都是比較好地按照它們的比較優勢來發展，這樣技術的成本會比較低，經濟發展的速度會比較快。

按照林毅夫的理論，發展中國家應該避免在高技術領域與發達國家競爭。理由是：我們現在強調發展高科技產業，與20世紀50年代發展重工業相似，也是我們沒有比較優勢的產業，因為這是一個資本密集型的產業。如果發展中國家要發展這樣的產業，就必然需要政府的補貼，進而造成對企業的干預，對市場的扭曲。但是，林毅夫並不是說我們不能發展高科技產業。而是說這個產業是分區段的。它的研發區段是資本密集的階段，也是風險最大的階段。而零部件組裝是勞動密集型的區段。因此，林毅夫主張發展高科技要按照比較優勢選對區段。

那麼，「印度軟體具有市場競爭力」這個現象是否符合林毅夫的上述理論呢？關於這個問題，林毅夫這樣解釋說：印度的軟體發展得非常好，可是我們仔細分析一下就會發現，印度的軟體業正是發揮了它的比較優勢，而且是與國外合作分工的比較優勢。1998年印度的軟體業出口

是30億美元，其中有一大部分是用於解決千年蟲的程式，而編寫程式屬於勞動力密集型工作。1998年印度出口的軟體中沒有一件有自己的商標，大部分是國外已經開發好的，此外，出口中的一部分實際上是做美國軟體的售後服務，實際上就是幫人家接電話。

所以印度軟體業並不是我們想像的那樣，它的軟體產品並非是獨立開發出來的。為什麼會這樣呢？因為軟體發展需要投入兩種不同的人力資本，一種是了解市場趨勢的人力資本，另一種是程式設計的人力資本，只要受過大學教育就能程式設計，這一點在中國也是這樣，與印度沒有區別，但是現在的軟體市場主要是在美國，而在中國就很難了解美國市場需要什麼。因此在這種情況下，中國軟體業要有大發展，還必須走印度的路。也就是說，中國只有在編程上，在提供類似售後服務這個層次上立足。

林毅夫說，「不僅印度是這樣，軟體業發展很好的愛爾蘭也是這樣。」在他看來，愛爾蘭軟體出口量很大，但是軟體的進口量也很大。因為愛爾蘭的軟體業大部分是在做翻譯，軟體大部分是英文的，但是歐洲有很多語言，諸如法語、德語、義大利語等，需要翻譯成本國語言方便使用。愛爾蘭軟體業大多是買微軟的視窗，然後翻譯成不同的語言出口。林毅夫認為，印度的軟體業從反面論證了比較優勢理論。

林毅夫認為理論最重要的是具有解釋力，當理論與現象不一致時，肯定是理論錯了，而不會是現象錯了。針對「中國提出的第三代移動通信標準已經被國際電信聯盟接受，這樣的高技術對中國合適嗎？」這樣的問題，林毅夫回答說：標準能夠被接受當然是相當了不起了。但這個標準到底能不能在市場中生存，我認為在很大的程度上取決於這個標準能夠被多大的市場規模所接受。我們知道在最尖端產品的開發上，一次性的投入很大，它生產的時候有相當大的規模，標準如果被很大的市場規模接受，將來按照標準所生產出來的產品價格就低。但如果你的市場規模不夠大的話，標準即使被接受，但是你的產品價格會很高，在市場經濟當中，消費者不接受，也會被否定。至於這一代手機會不會成功，

要看你這個標準在國際上有多大的市場規模。由於現在的競爭都是國際性的，如果這個標準在國際上能夠被接受，成功的機率就非常高，如果只是中國接受而國際上不接受，那麼中國的消費者會付出比較高的成本。

關於中國該怎樣發展高科技的問題，林毅夫說：「我認為中國作為發展中國家，不需要在最邊緣的技術上跟人家競爭，比如資訊產業，我基本上把它分成四個產業區段，一個是研發，一個是核心晶片，一個是零部件，一個是組裝。資本最密集的是研發，IBM 是50億美元的投入，Intel 是30億美元的投入才生產了幾個晶片，核心晶片的一條生產線是12億～13億美元。」林毅夫的看法是：我們現在不應該在最尖端的研發與人家競爭，因為那樣資本投入太大。最尖端、最核心的競爭成本來自三方面：一個是人工的成本，一個是買專利的成本，一個是試製的成本。因此，他認為，你花費很大的成本也不一定能夠成功。

但是，這是不是說我們永遠就落後呢？也不見得。林毅夫指出，如果我們按照比較優勢發展，我們的速度就會比較快，我們的要素稟賦結構就會得到提升，產業和技術結構就要提升，那時我們自己也必須搞研發。林毅夫在演講中多次強調政府的產業政策要符合自己的比較優勢，但是這一點往往被趕超戰略所忽視，於是，就會出現補貼、價格扭曲等現象，最終是費力不討好。沒有抽象的要素稟賦，不論是特定歷史時期的，還是特定制度環境下的要素稟賦，制度決定了要素配置的方式以及結果。這也是科技強國與制度強國爭論的緣起。

路徑：「摸著石頭過河」

中國的經驗是什麼？林毅夫形象地說，中國經驗用鄧小平的話講就是「摸著石頭過河」。「摸著石頭過河」體現出的是對改革的探索、摸索和試驗，今天，它所體現出的務實主義、漸進式改革是很值得處於改革中的國家借鑒的。中國通過一種漸進的改革，逐步建立起一個完善的、現代的市場經濟。這是一種非常務實、實事求是的發展方式。林毅

夫非常贊成這種「摸著石頭過河」的改革方式:「中國的發展經驗是值得世界參考的,國際上已經有越來越多的學者認識到這一點。」

林毅夫分析指出,實際上,我們的目標是明確的,即是要從傳統計畫經濟的此岸走向完善的市場經濟的彼岸。在過渡時有必要採取「摸著石頭過河」的漸進方式。先看當前的問題和機遇何在,找到有效的措施解決了問題向前推進之後,又出現新的問題,就再根據當時的條件提出新的解決方案,一步一步邁向成功的彼岸。這是一種解放思想、實事求是、與時俱進的改革策略。

那麼,與西方所主張的「休克療法」相比,哪個更適合中國的國情呢?「休克療法」本是一個醫學術語,20世紀80年代中期被美國經濟學家傑弗里・薩克斯引入經濟領域。當時,薩克斯被聘擔任玻利維亞政府經濟顧問。玻利維亞是南美一個經濟落後的小國,由於長期政治局勢動盪不安,政府經濟政策不斷失誤,由此引發的經濟問題大量積累而又得不到解決,終於導致了一場嚴重的經濟危機。面對險惡的經濟形勢,薩克斯大膽地提出了諸如實行緊縮的貨幣政策和財政政策,壓縮政府開支,取消補貼,放開價格,實行貿易自由化等一整套經濟綱領和經濟政策。「休克療法」在玻利維亞的最初實施,收到了令人難以置信的奇效。該療法實施不到一周,惡性通貨膨脹便得到了強有力的遏制,物價從暴漲趨於穩定。「休克療法」在玻利維亞的初戰告捷,為薩克斯贏得了較高的聲譽。

「休克療法」是針對嚴重失衡的社會總供求狀況,從控制社會總需求出發,採取嚴厲的行政和經濟手段,在短時間內強制性地大幅度壓縮消費需求和投資需求,使社會總供求人為地達到平衡,以此遏制惡性通貨膨脹,恢復經濟秩序。「休克療法」與漸進方式的區別不在於轉軌的內容和目標,而在於改革的順序和力度。具體而言,在宏觀政策方面,「休克療法」緊縮財政更為嚴厲;在經濟自由化上,「休克療法」主張採取一步到位的方式實現價格、外貿的自由化和貨幣的自由兌換;在私有化方面,強調迅速實現私有化,為此不惜採取無償分配的辦法。

林毅夫指出，所謂「休克療法」，就是想一步跨到對岸，沒想到河那麼寬，結果就栽下來了。因此，在他看來，對發展中國家來說，實現市場化、全球化是理想的目標。但是，不能一蹴而就，要看現在的障礙是什麼，解決的條件是什麼，能動員的力量是什麼，漸進式向前。林毅夫堅定地認為，這樣的指導原則、這樣實踐成果就是「中國經驗」。可以說，「休克療法」是震盪後平添困惑，而「摸著石頭過河」是漸進中愈見明晰。

如果將一個中央計劃經濟轉化為分散的市場經濟，經濟學家通常推薦兩種不同的策略。一種是「創世紀」的方式或叫做「休克療法」；一種是「漸進的」、「有機的」或「進化的」策略。前一種是東歐和前蘇聯的改革所經歷的；後一種是中國近些年來的改革的特徵。經濟學界曾經普遍認為，後一種改革策略無法實現自己的目標，而前一種主張十分流行，具有理論上的完美性和可行性。然而，意想不到的是，「休克療法」給東歐和前蘇聯造成了急劇的積極衰退和超常規的高通貨膨脹率；而中國的「漸進的」改革卻在價格水準相對穩定的狀態下實現了快速、持續的增長。中國的改革並沒有一個事先設計好的所謂「一攬子的改革方案」。已經出臺的改革措施及改革強度，是針對經濟運行中出現的主要問題和社會的承受能力實際確定的，具有十分鮮明的「摸著石頭過河」的基本特徵。分析中國改革的歷程可以發現，雖然中國的經濟改革也不斷出現起伏跌宕，但是，改革的基本線索十分清晰，改革的目標也愈來愈明確了。中國改革開放30多年的改革實踐一再證明：「摸著石頭過河」的中國式改革是成功的。

預言：「中國人有能力養活自己」

中國作為一個佔世界人口1/4的農業大國，它的存在和發展，必然會對世界經濟的發展產生影響，因而，在世界範圍必然會引起強烈關注。20世紀90年代初，當中華文明是否會與西方文明發生衝突的爭論的熱浪還沒有消退，「誰來養活中國」的「警鐘」又被敲響。

1994年9月，美國世界觀察研究所所長萊斯特·布朗發表了長達141頁的《誰來養活中國——來自一個小行星的醒世報告》。布朗認為，中國日益嚴重的水資源短缺，高速的工業化進程對農田的大量侵蝕、破壞，到21世紀初，中國為了養活13億的人口，可能得從國外進口大量糧食，這可能引起世界糧價的上漲，由於全球經濟的一體化，中國的糧食問題可能會對世界的糧食供應產生巨大的影響。

由此，布朗提出兩個問題：一是中國將來是否有能力支付大量進口糧食。布朗的答案是肯定的。二是若中國大量進口糧食，是否有哪個或哪幾個國家能夠足額提供。布朗的答案是否定的，即世界上沒有誰能夠提供如此多的糧食。布朗總結道：對今後世界糧食供求影響最大的是中國，中國糧食的不足也就是世界糧食的不足。世界經濟的未來已和中國的經濟未來緊密聯繫在一起。中國未來的缺糧將迫使其他國家的政府重新估計這些國家的人口承載能力及其人口和消費政策。布朗警告世界：「食品的短缺伴隨著經濟的不穩定，其對安全的威脅遠比軍事入侵大得多。」

布朗先生是位知名學者，他以自己的研究方法和觀察角度對中國的糧食問題提出自己的看法本無可厚非。但是，他的並不準確的判斷很快就被西方一些人拿來當作「中國威脅論」的一個有力證據。「中國的糧食問題將危及世界人民的糧食安全」，「中國的糧食短缺將比軍事入侵更可怕」……總之，「中國是世界的最大威脅」。

1996年10月9日，時任北京大學中國經濟研究中心主任的林毅夫在香港《明報》上發表了一篇題目是《中國人有能力養活自己》的文章，對布朗的觀點進行駁斥。文章說，從1993年起連續3年，中國國內市場上的糧食價格分別上漲30%、51%和36%。糧食的需求較為穩定，在正常的情況下，糧食市場價格連續幾年大幅度上漲，最可能的原因是生產方面出現了問題。因此，不僅外國人，國內也有不少人為中國未來的糧食生產、供給前景感到憂心忡忡。然而，仔細分析發現，這3年中國糧食市場價格大幅度上漲，其實並不是由糧食生產出現問題引起的。1993年中國糧食總產量創歷史最高水準，達到4.56億噸，1993年市場糧價比1992年上

漲30%，當然不可能是由於當年糧食產量創歷史最高水準引起的。1994年糧食總產量雖然比1993年減少了2.5%，但因為糧食生產受天氣波動的影響較大，年與年間的產量增加或減少2～3個百分點是經常發生的。過去從來不曾出現過因為減產2～3個百分點，而使市場糧食價格大幅上漲的情形，因此，也不能把1994年市場糧價上漲51%簡單地歸咎於1994年糧食減產2.5%。中國市場糧價大幅上漲，不是由生產方面的因素引起的最好例證是1995年。當年中國糧食產量比1994年增加4.5%，總產高達4.65億噸，再創歷史最高水準。但是1995年市場糧價仍然上漲了36%。

事實上，1993～1995年，中國市場糧食價格大幅上漲是由於中國政府改革了傳統的統購統銷制度，放開了糧食市場價格的控制，以及國民經濟出現了連續幾年高通貨膨脹，化肥、農藥、柴油等農業生產要素的價格大幅度上漲等因素造成的。而且，在扣除通貨膨脹的因素以後，1995年真實市場糧食的價格比1978年的價格還要低。

林毅夫說，既然過去幾年市場糧價大幅上漲，不是由於生產減少造成的，因此，短期內，中國並沒有糧食供給危機可言。當然，未來20～30年中國每年人口大約要增長1000萬人，而耕地面積將因工業發展、住房面積增加、非糧食經濟作物面積擴大等因素而不斷減少。從長期角度來看，中國當然不能對糧食供給問題掉以輕心。

林毅夫強調，研究中國糧食長期的供求問題，需要考慮的因素較多。要對長期的糧食供求作出較準確的預測，必須考慮到人口增長、收入增長、各種飼料使用效率、進口糧食或進口飼料、政府對農業科研和水利投資、世界糧食價格、勞動力工資等諸多因素的可能變動趨勢和這些變動對糧食供給和需求可能產生的影響。假定所有的因素都是按照過去的趨勢繼續發展下去，而且政府也不對可能出現的糧食供求缺口作出反應，估計到2020年中國將會有4300萬噸的糧食缺口。當影響糧食供求的各個因素的變動出現偏離長期變動趨勢時，供求缺口預測值會有相當大的變化。當然，萬一上述諸因素同時發生，那麼中國需要大量進口糧食的情形也並非絕無可能。但問題在於任何政府的政策都不是不變的。

中國政府一向注重糧食問題，「無糧不穩」是中國幾千年歷史積累下來的政治智慧。隨著經濟、社會發展狀況的變化，政府的政策是會隨時作出調整的。中國過去有能力，現在有能力，將來也會有能力生產足夠多的糧食來養活自己。

林毅夫指出，中國如果增加糧食進口水準，不僅對中國的經濟發展有利，對歐美等發達國家的經濟發展，乃至世界和平都會有所貢獻。美國、西歐國家對它們國內的農業，尤其是糧食的生產採取了保護政策，政府所定的最低收購價高於國內市場供求情況決定的均衡價。一方面，農產品生產出現過剩，為了傾銷這些農產品，歐美國家時起爭端，不斷以報復、制裁相互威脅，成為國際緊張局勢的根源之一。如果，中國能增加一些糧食及其他中國不具有比較優勢的農產品的進口，歐美的爭端就會有所減少，這是中國對國際和平可以作出的貢獻之一。另一方面，歐美國家政府為了以高價收購過剩的農產品也付出了很高代價，成為政府連年財政赤字的主要根源之一，妨害了歐美國家經濟的發展。如果中國增加糧食進口，國際糧食價格會有所提高，歐美國家政府由於收購糧食而引起的財政赤字就會降低，甚至消除，對歐美等發達國家的經濟發展會有所助益。

總而言之，只要政策合理，在21世紀，中國完全有能力達到糧食基本自給的目標，中國人是完全有能力養活自己的。當然，中國也可以利用國際比較優勢，從國外進口一部分糧食，以促進經濟的進一步發展，但要不要這樣做的主動權掌握在中國手裡。而且，中國增加糧食進口，對中國的經濟發展有利，對促進世界和平、對發達國家的經濟發展都有利。

解讀中國經濟發展的「招牌菜」

林毅夫認為，中國的經濟問題必須用適合中國的經濟理論來解讀。第一，要在比較優勢中把握中國經濟的社會脈搏。中國企業要走向世界，必須發揮中國勞動力資源充足的比較優勢。在產業結構上，相應地

要利用比較優勢發展勞動力密集型產業；第二，針對國有企業的改革，主要在於解決企業的自身能力，而不是外在地改變制度安排；第三，發展中國家的經濟發展，可以通過技術模仿、引進來獲得技術創新，從而達到節約成本，縮小差距的目的。這三方面，被認為是林毅夫解讀中國經濟發展的「招牌菜」。

「比較優勢」：把脈中國經濟的獨門祕笈

「比較優勢發展戰略理論」是林毅夫在研究了20世紀後半葉世界經濟，尤其是東亞經濟的基礎上建立的，已被世界經濟學界推崇為發展經濟學的一個重要流派，是中國經濟學家對世界的貢獻。可以說，林毅夫分析經濟現象、思考經濟理論的獨門祕笈就是「比較優勢發展戰略」。無論是農村問題還是國企改革抑或金融問題，林毅夫都在「比較優勢」的分析框架下展開討論。無論是在中南海，還是在政府高層論壇，最精彩的時刻，林毅夫總會端出「招牌菜」──「比較優勢發展戰略」。林毅夫堅定地主張，一定要在「比較優勢」中把握中國經濟的社會脈搏。

心繫「三農」的林毅夫，時時刻刻都不忘窮人致富道路的積極探索，那麼，怎樣讓窮人有工作？林毅夫說：「最關鍵的就是必須按照中國的比較優勢來發展經濟。」那麼，怎樣才能讓經濟按照比較優勢來發展呢？林毅夫認為，按照比較優勢發展，就是要企業家在作產業、產品和技術選擇時，充分利用當前國民經濟中相對豐富的要素，少用相對少的要素。因此，林毅夫用「比較優勢」發展戰略為中國漸進式改革的成功，做出了嚴謹的經濟學模型。他認為，一個國家和地區的經濟是否能夠成功，在於它是否能夠發揮資源稟賦的比較優勢，而資源稟賦取決於當時所擁有的自然資源、資本和勞動力的相對份額。可以發現，一個共同的規律是：隨著經濟發展、資本積累、人均資本擁有量的提高，一個國家和地區的資源稟賦結構得以提升，主導產業將從勞動密集型逐步轉變到資本密集型和技術密集型，乃至信息密集型上面。中國30多年的改革開放，尤其是東部沿海地區經濟發展的奇蹟，就是成功地利用了中國

勞動力價格相對較低的比較優勢，逐步佔領了紡織服裝、輕工產品、家用電器等國際市場，快速積累資金，逐步實現產業升級。

林毅夫在談到中國企業如何走向世界時說，「中國企業要走向世界，必須發揮我們的比較優勢。中國經濟已經有了產業升級的需要，而且還將加速升級。在這一過程中，我們原本具有一定比較優勢的產業將逐漸變成了沒有比較優勢的產業，如將它轉移到海外那些產業發展比中國慢半拍、勞動力比我們便宜的地方發展，它將可以獲得新的生機，從而延續自己的生命力、競爭力和企業的獲利能力。所以，在世貿組織框架下，我們的企業不僅可以在國內進行資源配置，而且可能在全球範圍內進行資源配置，利用其他地方的比較優勢繼續發展壯大自己。」林毅夫認為，到海外投資是我們擴大市場的一種很好的方式。

林毅夫指出，按照比較優勢來發展經濟，是解決經濟高速增長中各種不協調問題、實現和諧發展的最根本方法。雖然中國經濟增長的速度是非常快的，但是，中國的發展確實存在著一些不和諧因素。這主要表現為收入差距和城鄉差距拉大，社會事業發展滯後，環境壓力加劇等。在這種狀況之下，注重和諧發展是很有針對性的。

當前，中國不和諧現象的最根本原因，在於窮人在經濟增長過程中仍然較窮，或者說收入增加較慢。因為農民窮，所以城鄉收入差距大；因為窮，有人付不起醫療費用，無力養老；因為窮，污染環境、危害健康的行業也有人願意去就業。要讓窮人富起來，最重要的是讓窮人有工作，能夠充分就業並賺取工資收入；而且，隨著經濟的發展，要讓窮人的工資收入能夠以比富人收入增長更快的速度提高。

怎樣才能讓窮人充分就業？最關鍵的是必須按照中國的比較優勢來發展經濟，即充分利用中國當前勞動力多且相對便宜的優勢，去發展勞動力相對密集的產業，或者在資本密集型產業中去拓展勞動力密集的區段。這樣，就可以創造非常多的就業機會，讓更多具有勞動力的窮人加入正式的就業市場。而且，符合比較優勢的產業在國內和國際市場上具有最大的競爭力，能夠賺取最大的剩餘，實現最大的資本積累。隨著經

濟的發展，資本就會逐漸從相對稀缺變成相對豐富，勞動力則從相對豐富變成相對稀缺，工資水準會隨之不斷提高，窮人所擁有的資產價值也會越來越高。在這種情況下，收入差距、城鄉差距、社會事業問題、環境壓力問題都會得到解決或者改善。因此，最重要的仍然是利用比較優勢，發展勞動力密集型產業。如果我們不遵循比較優勢，去不切實際地發展資本、技術非常密集的產業，創造的就業機會很少，大量只憑勞動力賺取收入的窮人就無法分享經濟發展的果實。

對於企業家來說，按照比較優勢發展，就是要在作出產業、產品、技術選擇時，充分利用當前國民經濟中相對豐富的要素，少用相對稀缺的要素。但是，企業家關心的是產品和要素的價格，而非各種要素的相對稀缺性。因此，讓企業遵循比較優勢的關鍵，在於一個靈活的、能夠充分反映要素稟賦特徵的價格體系——某個要素相對豐富，它的價格就低；某個要素相對稀缺，它的價格就高。這樣的價格體系只有在一個完善的、充分競爭的市場中才能形成。

因此，要按照比較優勢發展經濟，必須建立起完善的市場經濟體系。而藉助「比較優勢」建立起來的市場經濟，才會是可以避免陷入「裙帶資本主義」的「好的市場經濟」，才能真正實現社會的和諧發展。

企業自生能力：國企改革的再思考

20世紀80年代，中國的改革開放步入了第一個高潮時期。鄉鎮企業、「紅帽子」集體企業和個體戶等準私營部門的空前活躍，帶動了理論界對經濟改革，尤其是所有制改革的研究熱情。1988年，諾貝爾經濟學獎得主米爾頓・弗里德曼訪華，其在寫給中國政府的建議備忘錄和會談中，反覆強調中央政府下放經濟權力和實行徹底的私有產權的重要性。差不多是同一時期，經濟學家張維迎也提出了「國家所有制下的企業家不可能定理」，他認為，企業家是明確的財產關係的產物，財產關係不明確，就不會有真正的企業家。因此，造就企業家的關鍵是改革財

產關係。張維迎的文章從企業家的角度倒推回私有產權的必要性。

然而，對產權理論，有人曾提出「追求效率，無視公平」的批評。今天看來，無論是推崇產權至上的人，還是認為公平優先於效率的人，其分歧的根源在於，雙方都脫離了中國進行改革時的初始狀態和改革過程這些重要的分析前提。而第一個意識到改革的特定初始狀態和改革過程的重要性，並將之建構成系統的理論的人，就是林毅夫。

在1994年出版《中國的奇蹟：發展戰略與經濟改革》時，林毅夫就已經提出了「企業自生能力」這個概念。林毅夫認為，在計劃經濟體制之下，政府的各種干預或者扭曲本身，是內生的，是為了扶持、保護一系列沒有自生能力、不符合比較優勢的重工業部門的生存與發展而形成的。既然這些制度是內生的，如果不克服造成這些內生因素的外生原因，想一下子把這些因素都取消，必然導致從次優變成更糟的三優四優。在所有的進行改革的國家當中，中國建立了社會主義市場經濟體系，在今後的改革發展過程中，只要不斷創造條件解決企業沒有自生能力的問題，那麼，更為完善的市場經濟體系就能夠逐漸建立起來。

1999年，林毅夫正式提出企業自生能力理論，並用它解釋為什麼漸進的改革是成功的，而激進改革最後被事實證明是失敗的改革戰略。林毅夫表示，當時主要還是根據中國經濟改革發展的現實狀況來理解。

那麼，到底什麼是「企業自生能力」？按照林毅夫的定義，如果一個企業通過正常的經營管理預期能夠在自由、開放和競爭的市場中賺取社會可接受的正常利潤，那麼這個企業就是有自生能力的。這是一個為多種所有制並存的經濟體量身訂做的企業定義。甚至可以說，這一概念的提出可以成為「國有企業經濟學」的核心理論基礎。

在林毅夫看來，國有企業將是一個長期存在的事實。現代公司治理所強調的所有權和經營權的分離，多層次委託──代理結構帶來的公司治理難題，存在於市場中各種所有制類型的企業之中。因此，產權是否私有與企業自生能力並無充分必要的關係，「市場先於產權」是「企業自生能力」這一理論成立的前提。林毅夫更進一步將「企業自生能力」

同一國經濟的比較優勢概念結合起來，認為，「一個企業是否具有自生能力，取決於它的產業、產品、技術選擇和這個經濟的要素稟賦結構所決定的比較優勢是否一致而定。」

比較而言，「企業自生能力」這一主張同「私有產權下的自由競爭市場有效論」最根本的區別體現在政府在經濟發展中的作用上。被冠以「市場自由主義」的後者一般強調政府徹底退出各類經濟領域，通過自由競爭市場中的價格體系傳遞生產和消費的必要信息，其理想模式便是所謂的「小政府、大市場」。事實上，純粹的「市場自由主義」沒有給政府的經濟政策和國有企業留下什麼空間。而「企業自生能力」由於不強調私有產權，從而為政府主導經濟和產業政策，乃至為國有企業強勢參與市場競爭預留了充分的介面。

從1994年出版《中國的奇蹟：發展戰略與經濟改革》開始，到2001年參加芝加哥大學「蓋爾‧詹森年度講座」首講系統完整地表述「企業自生能力」理論，林毅夫的主張逐漸從理論走向政策。在2003年之前，人們普遍談論的還是國有企業進一步的改制，尤其是產權改革會進行到何種程度。2003年，隨著國務院對國有企業「抓大放小」戰略的提出，國有企業不僅沒有私有化，而且其地位日益得到鞏固。2005年，國有企業的強勢地位已經毋庸置疑。在中國經濟的產業結構中，國有企業把持著能源、原材料、金融、交通、電信等幾乎所有上游資源。「新國企」格局產生了強大的資源吸附效應，金融資本和人力資本等幾乎所有生產要素迅速向國企靠攏。經歷了第一階段指令性的大規模重組整合的國企，表現出了強烈的主動擴張欲望，通過併購等手段向相關行業的下游民企浸入。

可以說，林毅夫的「企業自生能力」理論為國有企業的再造並重獲經濟領域主導地位，提供了最實際的理論和政策支持。國務院國資委「監督國有資產經營狀況，促進國有資產保值增值」的目標，可以視為「企業自生能力」這一理論轉化為政策後的實施目標。而企業自生能力理論所強調的要符合經濟的比較優勢，並最終由經濟的要素稟賦結構所

決定的這一邏輯敘述，為國家發改委統籌全國經濟資源調配，配合中央政府制定經濟和產業政策，提供了理論依據。

後發優勢：「中國奇蹟」的經濟學解釋

2007年12月20日，林毅夫在《人民日報》上發表的一篇文章中稱：「中國經濟充滿難以用現有理論解釋的新現象。國際上許多著名經濟學家對中國改革開放過程中的許多現象屢屢作出不正確的判斷，其原因應該出在現有的經濟學上。現有的經濟學理論在分析轉型和發展問題上存在根本缺陷，如對中國的雙軌制改革和經濟增長率都沒能作出合理的解釋。」「任何經濟現象應該都能用經濟學的理論來解釋，當一個現象不能用現有的理論來解釋時，此時正是進行理論創新的最好機會。」

2010年3月，林毅夫在《人民日報》海外版上刊載的文章《「中國奇蹟」的經濟學解釋》中稱：在過去的30年中，中國的經濟發展成就非凡，只有用「奇蹟」才能描述這一成就。在過去30多年裡。GDP 年均增長9.7%，創造了人類經濟史上一個奇蹟。在這篇文章中，林毅夫提到了「後發優勢」的問題。

關於「後發優勢」，林毅夫曾在一次演講中表示：要判斷一個國家、社會的經濟發展或生產力發展的潛力，其實只要看這個國家、社會技術創新的可能性有多大。在最發達的國家，它的技術創新就只能來自新的技術發明，不投入資金、人力去從事研究和開發發明新技術，它就不可能有技術「創新」；發展中國家的技術創新可以有兩種選擇，發明或引進，到底哪種方式好，這要看哪一種方式成本比較低，收益比較大。新技術發明一般投入非常大、風險也非常大。研究表明，95% 的研發項目沒有產生任何結果，只有5%的項目最後成為可以申請專利的技術。如果發展中國家也用自己發明的方式來取得技術創新，那麼也必須和發達國家一樣花同樣高的成本和面對同樣的風險。但發展中國家還可以通過技術模仿、引進來獲得技術創新，很多技術模仿、引進不需要花費成本，因為超過專利保護期的技術引進根本不需要購買成本。總的

來講，購買的成本大約相當於新技術發明成本的1/3。發展中國家可以利用和發達國家的這個差距，進行快速技術變遷。這就是所謂「後發優勢」的主要內容。而且正因為「後發優勢」的存在，我們才對中國未來的發展潛力有很大的信心。

林毅夫認為，在改革開放以前，中國經濟發展低迷並不是因為沒有「後發優勢的潛力」，而是因為中國不知道如何利用這種潛力。改革開放以後，中國採取了一種「雙軌制」方式，一方面，中國繼續給重點行業中不能自生的企業提供過渡的保護；另一方面，中國在自己具備比較優勢的行業如勞動力密集型行業裡放開行業準入。因此，中國能同時實現穩定與強勁的增長。這些增長又逐步為中國改革那些沒有比較優勢的行業創造了條件，這樣中國逐步邁向了市場經濟。這樣，中國能向其他發展中國家提供一些值得借鑑的經驗：一種漸進、雙軌的方式。私營企業的進入與外商直接投資會帶來一個動態進程，會逐步改革老行業。

不過，林毅夫指出，雖然從技術潛力來說，中國經濟發展的潛力很大，但是中國作為一個轉型中國家，要發揮後發優勢，必須克服許多體制和結構上的困難和挑戰。這些困難和挑戰有：一是來自改革方面的挑戰。中國從計劃經濟走向市場經濟的轉型還沒有完成，還存在很多問題，比如銀行呆帳、壞帳的比率較高，地區差距、東西部差距較大，國有企業的低效率問題還沒有解決。二是來自全球化方面的挑戰。加入WTO 後，中國必須取消現有的各種非關稅貿易壁壘，給予外商國民待遇，允許他們在國內從事生產、批發、零售。也就是說，除了還保留17%的關稅外，中國經濟將是一個不設防的經濟。所以，加入WTO 在帶來長期發展機遇的同時，也給中國轉型中的經濟帶來了許多新的挑戰。三是來自發展方面的挑戰。如果到2020年，中國的人均收入水準為3000美元，農民人均收入也大致達到這個水準，農村人口在總人口的比重必須從現在的62‧3%降低到45%左右。解決好這些轉移出來的農民的就業問題，是我們全面建設小康社會所必須克服的第三個方面挑戰。

8

新征途：
天降大任　空降世銀

傳奇學人 林毅夫

　　從寶島臺灣到中國大陸，從北京大學教授到世界銀行首席經濟學家——林毅夫的傳奇之路，存留著現代中國歷史滄桑和風雲變幻的烙印，也被看作現代中國崛起對世界影響的一個見證。

　　2008年，考慮到世界銀行與新興經濟發展的關係，世界銀行總裁佐利克決定任命林毅夫為世界銀行首席經濟學家。

　　於是，林毅夫踏上了人生的新征途，作為世界銀行首位來自發展中國家的首席經濟學家，也是擅長農業領域的經濟發展專家，林毅夫為世界銀行帶來了獨特的技能和經驗。

　　林毅夫，這位中國經濟學界的傳奇人物，在他身上，承載著一個發展中國家人民的夢想。

「馬歇爾講座」上的中國人

隨著林毅夫的影響逐漸擴大，久負盛名的英國劍橋大學「馬歇爾講座」向林毅夫發出邀請，請他在2007～2008年度的講座上發表演講。

2007年10月31日，林毅夫登上了劍橋大學的講壇。

於是，在海峽兩岸，林毅夫不僅以其經濟學成就享有廣泛知名度，其土生土長臺灣人的身分也引來了各方注目。

林毅夫，不愧是一個敢於向世界經濟學高峰挑戰的學者！

從北京大學課堂邁向世界講壇

2007年10月17日，北京大學中國經濟研究中心的萬眾樓二樓座無虛席，經濟學家、財經媒體及北京大學內外聞訊而來的師生提早進場，等待林毅夫在赴劍橋大學「馬歇爾講座」之前的預講。林毅夫預講的題目是《發展與轉型：思潮、戰略和自生能力》。來自清華大學中國與世界經濟研究中心的李稻葵教授及北京大學的宋國青教授、盧鋒教授、陳平教授等進行了評論。

我們知道，「馬歇爾講座」是以英國著名經濟學家、新古典經濟學體系的奠基人和集大成者阿爾弗雷德·馬歇爾的名字命名。1865年馬歇爾於畢業於劍橋大學的數學學院，從1885年開始擔任劍橋大學第一任經濟學講座教授，直到1908年退休。「馬歇爾講座」向來被譽為諾貝爾獎的搖籃，該講座始於1946年，每年從全世界著名的社會科學家中挑選出一位擔任主講人，包括G·繆達爾、庇古、T·帕森斯、雷蒙·阿隆、庫茲涅茨、索羅、阿羅、盧卡斯、阿馬蒂亞·森、斯蒂格利茨等，其中的14位在後來均獲得了諾貝爾經濟學獎。可以說，林毅夫是最接近諾貝爾經濟學獎的中國經濟學家，也是走上這個世界頂級講壇的第一位中國學者。美國經濟學家密爾頓·弗里德曼曾經說過這樣的話：誰能正確解釋中國的改革和發展，誰就能獲得諾貝爾經濟學獎。在全世界經濟學家中，最有資格正確解釋中國改革和發展的，理所當然是中國經濟學家。

林毅夫成為英國劍橋大學「馬歇爾講座」上首位中國經濟學家，這從一定程度上表明，中國經濟成為世界經濟的熱點問題，已成為不爭的事實，中國經濟學研究引起西方主流經濟學界的關注，中國經濟學家的工作得到世界範圍的認可。林毅夫20多年的學術探索，即將代表中國，走向世界。

在這次預講中，林毅夫將其對中國近半個世紀經濟改革的思考，以三個概念：idea（構想），strategy（戰略），viability（可行性）為基礎，構造了一個宏大的理論體系，用他自己的話來說，是試圖以企業的自生能力微觀機制和發展戰略宏觀機制，解釋世界發展中國家和轉型國家的經濟增長問題。林毅夫試圖以自己的理論為中國的經濟起飛提供理論支持，對廣大發展中國家如何走向富裕提供理論指導。因為，中國改革開放以來的經濟成就已經證明，中國經濟的發展戰略方向是正確的。在這次預講中，林毅夫自稱是樂觀派，對自己的理論有信心，對中國經濟的持續增長同樣充滿信心。

林毅夫的這次演講基本上體現了他的理論精華。而參加這次講座的專家們也以獨到的眼光，向林毅夫發出提問。因為，林毅夫去英國劍橋大學進行的演講即將面對的是西方頂尖經濟學家的批評甚至發難，如何應對來自西方學者的考驗，才是值得重視的問題。而林毅夫走出國門，向世界展示的、代表的不僅是中國經濟學家的學識水準，更是中國作為發展中國家的經濟發展成果向世人的展示和交流。不論是肯定還是批評，對林毅夫的研究乃至對中國經濟發展都是有益的探索。

「馬歇爾講座」向中國發出邀請

早在2005年，「馬歇爾講座」這個享譽世界的講壇就向林毅夫發出邀請，請他在2007～2008年度講座上發表演講。這是「馬歇爾講座」第一次向中國經濟學家發出邀請。

其實，林毅夫與「馬歇爾講座」有著深厚的淵源。早在1984年他在芝加哥大學讀書時，他的一位任課老師盧卡斯即被邀請去做「馬歇爾

講座」。當時還在攻讀博士學位的林毅夫，親眼目睹了盧卡斯老師花費一個學期時間閱讀文獻的過程。林毅夫還參與了這次講座的準備，老師在思維方式、建立系統模型方式等各方面的嚴謹、縝密，使林毅夫在20餘年後還對當時的情形記憶猶新。

而盧卡斯教授的那次「馬歇爾講座」，也被認為是內生增長理論的主要貢獻之一，並且成為盧卡斯獲得諾貝爾經濟學獎的主要貢獻之一。

有了如上淵源，「馬歇爾講座」之於林毅夫的意義不言自明。林毅夫認為，「馬歇爾講座」之所以會邀請一位中國經濟學家去演講，是因為中國經濟在世界經濟中的地位和重要性不斷提升，中國經濟現象是國際經濟學界所不能忽視的現象。中國經濟改革開放取得的奇蹟引發了世界的高度關注，西方經濟學家希望了解「中國現象」。對此，林毅夫說：「最重要的是得益於中國經濟的發展，越來越多的人對中國經濟和中國的經濟學家的理論分析感興趣。」

經濟學界公認，林毅夫對中國經濟研究的貢獻是：「率先運用規範的現代經濟學方法研究中國問題，並形成一個一以貫之、自成體系的理論。」綜觀20多年來林毅夫對中國經濟的研究，大致可以分為以下幾個階段：在留美攻讀博士期間，最早研究的是農村家庭聯產承包責任制，回國早期仍繼續進行農村方面問題的研究；20世紀80年代末以後，研究的領域逐漸擴展到發展戰略、宏觀經濟、國有企業、勞動力市場、金融結構、經濟學研究方法等，但研究始終圍繞中國經濟現象；而1994年出版的《中國的奇蹟：發展戰略與經濟改革》，是他首次以自己的理論體系來解釋分析中國經濟的發展和轉型的諸多現象和問題。在長期研究中，林毅夫形成了一整套關於經濟發展，特別是後發國家的經濟發展的見解。他認為，一個國家只有遵循其資源稟賦的比較優勢，其企業才能具有「自生能力」，經濟才能實現最優發展，他將此總結為「比較優勢發展戰略」或「比較優勢理論」。

林毅夫為「馬歇爾講座」所準備的論文，就是在《中國的奇蹟：發展戰略與經濟改革》一書的基礎上，將自己的理論體系進行了進一步的系統

梳理並加以模型化，以此來解釋分析第二次世界大戰以後，各個社會主義和非社會主義的發展中國家，經濟發展和轉型的成功和失敗的事實。

可以說，林毅夫引起國際政經界廣泛關注，主要是他對中國經濟發展戰略的研究，特別是其發揮比較優勢的理論。而這些，都是根植於中國這塊鮮活的經濟現象層出不窮的土地上的。

對於20多年來的中國經濟問題研究，林毅夫說他最大的感受就是「欣慰」二字。「從1988年開始形成這套理論體系到現在的20多年間，我一直是以這套理論為框架來分析中國改革中出現的諸多現象和問題。」在林毅夫研究的眾多領域的背後，是邏輯嚴密的理論體系。他討論過的問題很多，但觀點之間前後都保持高度一致。用林毅夫自己的話說就是「理論之間不『打架』」。而他對中國經濟現象所作的分析和預測，基本上都被事實驗證了，有的現象的出現只是時間早晚的問題，但大的方向上還沒有出過錯。

因此，林毅夫坦言，在獲「馬歇爾講座」邀請時，自己「當時非常驚訝」。在執著於探索發展之路，謀求解決中國乃至全球貧困國家後發問題的林毅夫看來，「馬歇爾講座」向他發出的邀請，更多是在「邀請一個在中國工作的學者」，是因為國際上對中國發展和轉型的經驗日益重視。

林毅夫嚴謹的理論研究，以及中國實體經濟的持續高速增長之間的彼此印證，吸引了來自古典經濟學發祥地——英國的目光，使中國的經濟學理論研究終於能夠在「馬歇爾講座」上得以展示和突破。

這是一次難得展示中國學者研究成果的機會，林毅夫說：「利用這個機會，我將20多年來的研究進行了系統梳理，包括將理論體系加以模型化。」

第一個走進「馬歇爾講座」的中國人

2007年10月31日和11月1日，那個充滿中文魅力的渾厚的男中音，毫無預約地跟2004年夏天的一個聲音遙相呼應——諾貝爾經濟學獎得主

羅伯特‧福格爾在中國杭州說，林毅夫有望問鼎諾貝爾經濟學獎。

第一個應邀走進「馬歇爾講座」的中國人，這是何等的榮耀！於倫敦當地時間10月31日和11月1日兩天的下午，林毅夫教授莊重地邁上「馬歇爾講座」，將自己多年來的研究聚焦在一個題目上：「發展和轉型思潮、戰略和自生能力」。

作為一名發展中國家的學者，林毅夫在這次講座中結合中國自身和二次世界大戰以後諸多社會主義與非社會主義發展中國家經濟發展和轉型的成敗得失經驗，系統闡述了他對發展和轉型這兩個事關世界上2/3生活在發展中或轉型中國家人口的福祉的重大問題的獨到理解。

林毅夫認為：在現代社會，技術的不斷創新是一個國家經濟持續增長的根本動力，而一個國家最優的產業技術選擇取決於其要素稟賦結構，也就是資本、勞動、自然資源的相對豐富程度的狀況。一個發展中國家如果在發展的每一個階段都能夠按照其要素稟賦所決定的比較優勢來選擇產業、技術，該經濟發展中的企業在開放競爭的市場中會具有自生能力，經濟會有最大的競爭力，能夠創造最多的剩餘，資本積累的速度會最快，要素稟賦結構和產業、技術水準就能夠得到最快速的提升，並且，在產業技術水準提升時可以發揮後發優勢，而使其產業技術的提升速度高於發達國家，而快速縮小與發達國家的差距或趕上發達國家。

但是，一個發展中國家是否能夠按照比較優勢來發展經濟，並充分利用後發優勢取決於政府所採取的發展戰略，及由此所形成的各種政策和制度安排。政府的發展戰略由政治領導人制定，政治領導人在制定政策時，又受到社會思潮的影響。可是第二次世界大戰以後的發展經濟學的主流思潮，卻鼓勵資本極端短缺的發展中國家去優先發展不符合其比較優勢的資本密集型重工業，絕大多數的發展中國家按照這種主流思潮來制定政策。結果，其所要優先發展的產業中的企業在開放競爭的市場中缺乏自生能力，依靠政府對市場的各種干預和扭曲所提供的保護和補貼，雖能將這種產業建立起來，但保護補貼的結果也同時造成尋租行為盛行，經濟效率低下，最終危機不斷，不僅未能趕上發達國家，而且和

發達國家的差距越來越大。

日本和亞洲「四小龍」，其政治領導人雖也受到當時主流思潮的影響，但因自然資源貧瘠，難於動員足夠資源去補貼趕超企業，只能亦步亦趨，依據要素稟賦結構的特性來發展產業，從當時的主流思潮來看，這些經濟體的發展政策是錯誤的，但卻取得了奇蹟式的增長，成為第二次世界大戰後唯一趕上或大量縮小與發達國家差距的經濟體。

許多西方學者認為，中國政府在鄧小平領導下所推動的漸進式雙軌制改革是一個錯誤的選擇。林毅夫卻持相反觀點，他認為事實上，中國的漸進雙軌制轉型方式，首先提高農民和國企員工的積極性，這使得生產效率提高，產生了一個經濟增量；其次，中國允許非國有企業進入原來受抑制、具有比較優勢的產業部門，同時對原來的趕超部門給予必要的保護補貼；最後，在計畫軌越來越小，企業的自生能力有所加強，社會的承受力也大為提升時，才消除原來的干預補貼，將計畫軌併入市場軌，完成向市場經濟的過渡。

在講演中，林毅夫特別強調，任何社會科學理論都是在一定的條件下才成立的，而不是放諸四海而皆準的。例如，在20世紀八九十年代討論經濟轉型時，主流經濟學界經常用的一個形象比喻是「不能分兩步跨過一個溝坎」，但是，這要看這條溝坎有多寬、多深，如果是一條小水溝，確實應該一步跨過。如果是一條又寬又深的溝，想一步跨過，必然會掉到溝裡。中國採用的雙軌漸進的方式，逐漸把溝坎填窄、填平，最後才一步跨過，比一開始就想一步跨過的方式好。

來自一個有悠久文化傳統的大國──中國的經濟學家，提出發展中國家經濟的發展和轉型的一個新理論，自然引起了國外經濟學家們的熱切關注。第一個走進「馬歇爾講座」的中國人，林毅夫為世界帶去了讓世人為之震驚的「中國模式」。

向世界經濟學高峰挑戰的中國學者

事實上，林毅夫一直在突破和超越自我，為我們帶來一次又一次的

驚喜。他是敢於向世界經濟學高峰挑戰的一位中國學者。而且，他也是最早總結並將中國改革的經驗介紹到世界的中國學者之一，並且是在國際經濟學領域受到最為廣泛關注的中國學者。

林毅夫向高峰的一次次挑戰，也再次證明了他具有這樣過人的底氣和氣魄。

在「馬歇爾講座」上，一位經濟學家問道：中國的政府有很強的執行能力，那麼對剛從部落社會走出的非洲國家，這套理論是否還適用？對這個問題，林毅夫這樣解釋：不管在任何國家、任何社會，比較而言，政府總是最強有力的組織，而按照比較優勢來發展和根據雙軌制來轉型，對政府的執行能力要求是很小的。像非洲的波札那，從20世紀60年代獨立以後按比較優勢發展資源產業，和「亞洲四小龍」一樣，經濟一直發展很好；非洲的模里西斯，原本實行的是不符合比較優勢的進口替代產業，20世紀70年代以後也實行雙軌制轉型，和中國一樣也取得了很好的經濟增長績效。因此，可以這樣說，中國和東亞其他國家的經驗，不僅是中國和東亞的，對其他發展中國家也同樣具有借鑒意義。當然，中國和東亞發展、轉型的成功經驗，也必須創造性地和具體的國情相結合才能對其發展和轉型有所幫助。

毫無疑問，林毅夫在「馬歇爾講座」上的演講贏得了來自世界各地眾多經濟學家的好評。在所有的評價中，有這樣一種看法頗具代表性：「好久沒有聽到對一個大問題如此觀點鮮明、層次清晰、邏輯嚴謹的報告了。」

為什麼會有這樣的評價呢？在林毅夫看來，之所以會這樣，有兩方面的原因：一方面，是由於發達國家的主流經濟學者，對現在發展中國家和轉型中國家的問題沒有切身體驗，總是從發達國家的視角來看問題，就像霧裡看花，頂多也只能做到盲人摸象，只見一部分而難以把握全域。另一方面，發展中國家的學者一般都抱著「西天取經」的態度來學習西方主流理論，在談到發展或轉型問題時，大多引用西方的理論來分析，或是僅僅談論一些觀點，還沒有獨立地根據發展中國家的現實，

把實際的經驗提升到理論的層次，並進行系統論述。

在劍橋大學逗留期間，劍橋大學經濟學院給林毅夫留下了深刻的印象。該院走廊牆上懸掛的馬歇爾、庇古、凱恩斯、羅賓遜夫人等十多位著名經濟學家的頭像，皆是曾經引領世界經濟學思潮的一代宗師，展示劍橋大學曾是世界經濟學研究中心的昔日輝煌。由此，林毅夫更加堅信「世界經濟的中心，就是世界經濟學研究中心」的觀點。

為什麼經濟中心會催生經濟學理論中心呢？林毅夫給出了這樣的答案：「經濟學理論是解釋經濟現象的一套簡單邏輯體系，解釋的現象越重要，這個理論的貢獻和影響也就越大，而發生在世界經濟中心的經濟現象就是最重要的經濟現象，在提出理論解釋現象時，就有近水樓臺先得月之便。」因此，當英國是世界最強大的經濟時，世界經濟的研究中心在英國，而當美國取代英國成為世界最強大的經濟時，世界的經濟學研究中心就轉移到了美國。

「中國會趕上美國，中國會恢復自己的歷史地位，成為全世界最大、最有影響的國家。」林毅夫曾充滿自信地表示。林毅夫的信心來自理論的分析和對歷史和現實的認識；來自中國改革開放30年來，他本人的經濟理論和推論一再被經濟發展所驗證。即使面對外國學者對中國經濟的各種懷疑，林毅夫也深信不疑。林毅夫的這種信心源自他對這些問題背後原因的了解，源自他「知道中國問題的原因所在，也清楚如何去解決這些問題，並且看到了我們的社會是往解決這些問題的方向在發展」。隨著中國經濟地位的提升，解釋中國經濟現象的理論在國際學術界的地位也會越來越高。林毅夫由此論斷：到了21世紀，隨著中國經濟的快速發展和國際地位的提升，中國也將迎來經濟學大師輩出的時代。

實際上，林毅夫早在1995年為祝賀《經濟研究》創刊40周年而寫的《本土化、規範化、國際化》一文中就明確提出了這種觀點。

而早在1994年初春，世界銀行（以下簡稱「世銀」）副總裁、首席經濟學家邁克爾‧布魯諾就被林毅夫的精彩演講說服了，他承認中國的改革經驗對發展國家及轉軌中的國家都具有借鑒意義。

世銀的「歷史性決策」

2008年1月20日，世銀總裁羅伯特・佐利克作出了歷史性決策——決定任命北京大學中國經濟研究中心主任林毅夫為世銀的首席經濟學家。這是一個讓全世界中國人都為之振奮的消息！

27歲，林毅夫驚人的「一跳」，開始了他在大陸的經濟學的學習和研究生涯。56歲，林毅夫再一次邁開腳步，走向人生的新征途，這一次，他從中國走向世界，在更大的舞臺上，書寫自己的傳奇人生。

實際上，在林毅夫的人生履歷中，如此精彩的「跳躍」已有多次，而每一次「跳躍」之後，他總是能書寫一段「傳奇」而充實的人生。

佐利克的邀請：是榮譽，也是挑戰

2008年1月20日，世銀總裁羅伯特・佐利克作出了歷史性決策：他從考量開發中國及新興經濟的發展的目的出發，決定任命時為北京大學中國經濟研究中心主任林毅夫為世銀的首席經濟學家。

時隔半個月之後，佐利克的提議獲得世銀董事會的批准。2008年2月5日，就在除夕的前一天，世銀總裁羅伯特・佐利克正式宣布，任命林毅夫為世銀高級副總裁兼首席經濟學家。

據2008年1月20日《華爾街日報》報導，林毅夫出任世銀首席經濟學家標誌著世銀與中國的關係發生了進一步轉變。多年來，中國一直是世銀的主要受援國家之一。而今中國的外匯儲備高達1.5萬億美元，世銀的財政援助對中國而言已變得無關緊要；不過，世銀仍在中國環保等領域項目提供貸款。2007年，中國還首次同意向世銀一個援助貧窮國家的基金提供捐款。其實，第二次世界大戰後成立的世界銀行致力於援助貧窮國家，然而，不只是受援助的國家對資源的分配有意見，提供捐助的主要國家之間也各有立場，而首席經濟學家在擬訂研究計畫及發展方向上扮演相當重要的決策角色。

世銀首席經濟學家的工作主要是領導世銀的整體發展策略和經濟研

究，內容涵蓋全球、區域和單一國家層次，這一職位此前長期由美國人或歐洲人壟斷；而且多由全球知名學者擔任，包括國際貨幣基金副總裁安妮‧克魯格、以色列中央銀行現任總裁費雪、前美國財政部長桑莫斯、法國經濟學家弗朗索瓦‧布吉尼翁等。

弗朗索瓦‧布吉尼翁於2003年10月任職，於2007年10月22日離職。隨後，世銀專門成立了遴選委員會，並把林毅夫作為候選人之一。2007年11月底，林毅夫在「馬歇爾講座」上的演講結束後，遴選委員會開始同他接觸，並向他要了一份簡歷。12月，佐利克首次訪華期間，和林毅夫在北京中國大飯店面談了一個半小時。他當面問林毅夫是否對這一職位感興趣。林毅夫表示這是很高的榮譽，並稱這是經濟學家在世界上最高的公共職務，如果有機會會認真考慮。

林毅夫感到在接受佐利克的邀請前，需要考慮兩件事，一是考慮到北京大學中國經濟研究中心主任的工作安排和交接問題；二是考慮自己到世銀這麼一個大的國際機構去，有沒有能力接受這個重擔並作出貢獻。

2010年12月10日，林毅夫在接受央視《對話》節目的專訪時則給出了他當時考慮的答案：「走是為了更好地回來。」他進一步解釋說：「過去常常是國外的做法、思想等會影響中國，現在中國實施的政策及帶來的相應變化也在影響著世界。如果有機會到國際機構工作一段時間，也可以對世界其他國家的情形、世界的經濟都增加一些了解。」林毅夫希望把北大中國經濟研究中心做成世界著名的經濟學研究中心，希望在這裡發出關於世界重大社會、經濟問題的決策最強的聲音，希望把這裡變成培養適應世界經濟發展最緊缺人才的搖籃，希望把北京大學變成如同他當年求學的芝加哥大學那樣的「世界經濟學研究的重鎮」。

在思考一個星期之後，林毅夫向佐利克作出了接受邀請的答覆。

之後，佐利克向林毅夫要了一份推薦人的名單，林毅夫建議請加里‧貝克爾、羅伯特‧福格爾、道格拉斯‧諾斯、賈格迪什‧巴格沃蒂等4位著名經濟學家作為推薦人，遴選委員會向此4人要了推薦信。

2008年1月16日，佐利克電話通知林毅夫，他將被提名為世銀高級副總裁兼首席經濟學家，在獲得世銀執董會的批准後，將公布正式任命的消息。

對林毅夫的就任，世銀研究部高級經濟學家鄒恒甫對林毅夫讚譽道：「我為林毅夫（即將）做世銀的首席經濟學家感到自豪，這是中國和世界發展中國家的驕傲。」

林毅夫的同事、在北京大學任教的花旗銀行經濟學家沈明高認為：林毅夫之所以能獲得世銀任命，「是天時、地利、人和的結果」。所謂「天時」，是中國發展到當前這個階段，對世界已具有不可否認的重大影響；「地利」，是中國這樣一個發展中國家對世銀本身亦具有重大意義；「人和」，則是林毅夫本人的成就。

北京大學中國經濟研究中心周其仁教授說：「我在送毅夫上任的時候，還沒弄清楚為什麼世銀要請他去，他不是正在弄國家發展研究院嗎？這兩個月世界的發展讓我深刻理解了這事，世界若是好好的，也不用請他去了。」

知名財經評論員葉檀認為世銀更在意的還是林毅夫的中國背景。「他的當選，說明新興市場規模已經擴展得越來越大，在全球經濟中的作用越來越突出，所以世銀才考慮從發展中國家遴選副總裁。」

「我是一個樂觀主義者，我認為發展中國家的貧窮並不是命運。」這是林毅夫在他2007年11月1日「馬歇爾講座」中的結束語。實際上，這句話在某種程度上也成為以解決全球性貧困、縮小南北差距為目標的世界銀行，在世界範圍內遴選之後，最終把目標鎖定在林毅夫身上的最佳注腳。

對世銀總裁佐利克的邀請和世銀的這項歷史性決策，林毅夫表示，這既是榮幸，也是榮譽，當然也是挑戰。

林毅夫認為，他是抱著一種如履薄冰、如臨深淵的態度。「作為世銀高級副總裁兼首席經濟學家，我不會利用職務之便給中國更多的貸款，中國目前需要的並不是資金，而是需要更多的知識。」

他說：「溫家寶總理曾引用蕭伯納的一句名言，『你有一個蘋果，我有一個蘋果，我們彼此交換，每人還是一個蘋果；你有一種思想，我有一種思想，我們彼此交換，每人可以擁有兩種思想。』我在世銀主管知識的創造和知識的交換，我要是能夠幫助中國有更多的知識，世銀的知識也不會減少，反而會增加。」

林毅夫認為，世銀是目前全球最重要的發展機構，反貧困是其最重要的使命。隨著全球化進程的深化和國際金融體系的一體化，反貧困工作出現了許多新的機遇和挑戰。作為一個在發展中國家生活、工作、研究多年的學者，在上任後，可以幫助世銀更好地了解發展中國家的期望、現實條件和可能性，更好地實現世銀所追求的減貧扶貧的目標，可以從更高、更具全球化的視角來觀察中國發展的問題，對提出解決問題的建議會有所幫助。

在林毅夫看來，現有的經濟學理論大部分是由發達國家學者提出的，不可避免地是以發達國家的發展階段、社會經濟條件和文化為理論前提，用以解決發達國家的問題。如果把在發達國家形成的理論簡單應用到發展中國家，就可能出現「南橘北枳」的效果，即使目標非常好，用意非常良善，產生的效果也不如預期，甚至好心辦了壞事。世銀作為全球最大的發展機構，非常需要深入了解發展中國家真正的需求是什麼，面對的限制條件是什麼，在這種限制條件下的機遇和挑戰又是什麼。

作為世銀歷史上首位擔任首席經濟學家的非歐美學者，林毅夫的上任，無疑有助於彌補世銀管理層缺少發展中國家人士的不足。因此，林毅夫個人認為，這是世銀首次任命發展中國家的學者擔任首席經濟學家的最重要意義，是一個具有歷史性的決策。

林毅夫與世銀：誰更需要誰？

我們知道，世銀是一個成立逾60年的國際開發機構，它是一個國際組織，其一開始的使命就是幫助在第二次世界大戰中被破壞的國家的重建。今天，它的任務是幫助貧困國家克服貧困，使各機構在減輕貧困和

提高生活水準的使命中發揮獨特的作用。

在20世紀四五〇年代，關貿總協定、世銀、國際貨幣基金組織被認為是支撐世界經貿和金融格局的三大支柱。這三大支柱產生於1944年召開的布雷頓森林會議。後兩者又被人們習慣地稱為布雷頓森林貨幣體系。

到20世紀末期，區域性金融危機不斷爆發，布雷頓森林體系的效率也受到廣泛的質疑。隨著短期資本對國際貨幣體系的衝擊日益明顯，原有金融秩序逐漸被顛覆。以1997年爆發的亞洲金融危機為例，在危機全面爆發後，世銀並沒有發揮應有作用，起到及時挽救陷於危機中的國家的職能。由於它的反應機制的落後和應對策略的失措，世銀遭到各界廣泛的批評。

各界的批評很快指向世銀的絕對大股東——美國。在世銀，各成員國的持股比例已經不能準確反映當前的國際經濟格局。在世銀，持股的比例是根據各成員國經濟總量和國際貿易中所佔的分量，由國民收入、黃金與美元儲備規模、進出口等變數及其一定的權重組成。按照這個依據計算出的份額，美國一直是世界銀行的絕對大股東，歐洲和日本的持股比例位於其次。而以中國為代表的發展中國家所持股份份額相對要低得多，在世銀的決策上缺乏真正的發言權。

2006年，儘管國際貨幣基金組織增加中國、韓國、土耳其和墨西哥等四國的投票權，但世銀的改革一直沒有進展，這已經落後於國際經濟格局的變化。同時，其提出的苛刻條件也給受援國帶來很多負面影響。比如，世銀對非洲高負債國家減免債務、提供援助提出了眾多的附加條件，迫使受援國脫離國情進行開放和自由化政策，這使世銀蒙上了西方功利主義的色彩。

現任世銀總裁佐利克在任美國副國務卿的時候，素以共和黨的「知華派」聞名。佐利克多次提出要加強世銀與中國的合作，並試圖改善支援發展中國家的途徑。2005年9月，在中美關係方面，佐利克第一次提出「利益攸關方」的概念，稱中美將成為互為負責任的「利益攸關

方」，因為既然「利益攸關」，雙方就應該共同擔負國際關係領域中的權利與義務。他主張要以務實態度對待中國。隨後，他在其題為「中國往何處去？」的報告中，7次提到這個概念。因而，這個概念成為透視2005年中美關係眾多視角中最引人注目的一個。

關於世銀和中國的關係，林毅夫說：2008年世銀跟中國正好合作30周年，在過去的30年中，世銀一直是中國最好的合作夥伴。回顧中國改革開放的30年，用「奇蹟」這個詞來形容最恰當不過。世銀在中國的發展過程中，除了提供了一些資金外，更重要的是提供了一些經驗和知識。世銀對中國的改革和發展是作了貢獻的，這應該說是世銀的驕傲。

但世銀的改革任重道遠，短期內大幅度提高中國等發展中國家在世銀中的持股比例是有很大難度的。但延攬一位資歷深厚的中國經濟學家出任世銀要職，則既表明了世銀改革的決心，也可以緩解來自各方面的輿論壓力。

在當下的全球化時代，林毅夫是怎樣看待世銀面對的挑戰和機遇的？

林毅夫表示：目前，仍有2/3的人生活在發展中國家，而且南北差距在擴大。雖然發展中國家裡有一些變成了新興經濟體，但內部的貧富差距也在拉大。

對世界銀行來說，如何實現減貧扶貧這一60年前就提出的目標，仍是尚待完成的任務。

當今世界的狀況發生了巨大變化，一方面是全球化越來越深化，另一方面是私人資本流動增多，在一批中等發展中國家，資金已不是主要問題。在這種狀況下，世銀在完成自己的目標上面臨著新機遇和新挑戰。剩餘的國際減貧難度在增加，在資金不太欠缺的條件下，發展中國家對世銀的依賴度也在下降。因此，世銀要發揮重要作用，必須同時運用它的資金和較一般商業金融機構更具優勢的知識。

在一個發展中國家進行一個項目，重在發揮示範作用，取得成功的經驗以後，私人金融機構可以跟進。林毅夫表示，儘管世銀不可能解決

所有發展中國家的問題，但應該比一般商業性機構做得更好。

　　林毅夫諳熟中國「三農」，對中國「三農」問題有著深刻的研究，應該說這是林毅夫此次獲任世銀高級副總裁兼首席經濟學家的關鍵所在。林毅夫的走馬上任，將是一個「三農」專家破解世界銀行面對的難題的巨大挑戰。

　　一個眾所周知的現實是，與一般商業銀行不同的是，世銀的主要功能定位就是幫助貧困國家消除貧困、關注並扶持發展中國家和新興市場。而中國又是全球最大的發展中國家，並且對所有發展中國家而言，「三農」問題理所當然都是個重大的問題。佐利克相信，林毅夫的加入會使世銀在諸多方面取得新的突破和進展。

初到世銀：忙碌的世銀副總裁

　　經濟學家的任務，是希望通過研究，讓貧困國家變成富國。世銀作為世界上最大的政府間金融機構，其首要任務就是資助發展中國家克服貧困。作為首位來自發展中國家的經濟學家，林毅夫首要的任務就是要制定世銀發展戰略：他需要管理龐大的經濟學家團隊，需要到最窮苦的非洲國家考察，需要提出一些有建設性的意見和措施。因此，初到世銀的林毅夫是非常忙碌的。他需要夜以繼日地工作，對他來說，一天24小時是不夠的。

世銀「合格」的經濟學家

　　2008年5月31日下午，林毅夫飛抵華盛頓，來到世界銀行總部，開始了在世銀擔任首席經濟學家及副總裁的任期。世銀是世界上最大的政府間金融機構之一，擁有186個成員國和近萬名從事發展工作的專業人員。現在，其主要使命是幫助發展中國家克服窮困，幫助它們發展教育、農業和工業。世銀聚集了世界上一大批研究發展問題的經濟學家，對世銀的業務方向，以及對如何消除貧困這個問題進行深入研究。按照

林毅夫的說法，如果把手下這些經濟學家的研究年限加起來，可能要超過1000年。作為首席經濟學家，如何管理世銀龐大的研究部門，制定世銀發展戰略，對林毅夫來說是一個巨大的挑戰。

歷史上，能夠擔任世銀首席經濟學家的人，一般都是在學術界有很高建樹的著名的學者。因為世銀首席經濟學家這個位置，講起來應該是經濟學家在世界上最高的公共職務。他的言論將會對世界產生很大的影響。我們知道，從英國經濟學家亞當‧斯密開始，經濟學家追求的都是在研究為什麼一些國家比較富有、一些國家比較貧窮，然後希望讓貧窮的國家可以變成富有的國家，這是經濟學家200多年來一直在求索的一個問題。那麼世銀作為國際上最大的發展機構，它聚集了世界上最大的一批研究發展問題的經濟學家。世銀首席經濟學家這個位置，對世銀的業務方向，以及對問題的深入研究以及取得的研究成果，將對世界產生一定的影響。

世界著名管理學大師彼得‧德魯克曾經說過：「如果你不夠優秀的話，你就無法在世銀立足。」在林毅夫之前，曾有一個叫章晟曼的中國人在世銀工作了20餘年，他於1983年由中國財政部調入世界銀行中國執行董事辦公室，先後任執行董事助理、副執行董事、執行董事，於1997年年底在前世銀總裁詹姆斯‧大衛‧沃爾芬森的提議下出任世銀副總裁兼秘書長，於2001年晉升為世銀常務副總裁。他於2005年跟隨71歲的沃爾芬森，加盟世界最大的金融服務集團——花旗銀行。他在回憶錄《先站住，再站高》中寫道，「我之所以能夠站穩腳跟，做事的信條起了不小的作用：低調的態度，比他人學在前頭，以及盡力體現自己的存在價值。」

作為總裁的首席經濟顧問，林毅夫需要對當前世界經濟發生的事來龍去脈及解決辦法提出意見。同時，他也需要主管世銀的研究部門。而如何管理世銀龐大的研究部門，制定世銀發展戰略，對林毅夫來說，是一個巨大的挑戰。林毅夫需要管理的世銀發展部門分成3個，第一個是關於全球經濟的監測與預測；第二個是研究部門，對一些基礎的理論問

題進行研究；第三個是統計部門，收集各個國家的資料狀況。世銀作為世界上最重要的發展研究機構，在此供職的經濟學家有700多位。世銀的發展部門有250位工作人員，40位為資深研究學者。林毅夫的責任，就是調動他們的積極性，將他們的智慧集合起來，形成合力。金融危機日益肆虐時，在他的發起下，世界銀行、國際貨幣基金組織等國際機構成立了首席經濟學家聯席會，共同協商如何應對危機。

作為世銀總裁的首席經濟顧問和世銀研究團隊的負責人，首席經濟學家在世銀中扮演了重要的角色。作為首席經濟學家，林毅夫關心的是全球新出現的問題，因而，他需要和這些經濟學家一道，選好研究方向和研究題目。對於學者出身的林毅夫而言，領導這些經濟學家靠的不是權威，而是靠對問題的分析、對問題的預測，然後就是注重邏輯，注重實證，注重事實。「主要的工作方式還是跟他們討論，討論全球新出現的問題。我會跟他們說，這個新出現的問題，在你原來的模型裡面，有沒有考慮到？如果沒有考慮到，加入這個因素以後會怎麼樣？」用林毅夫的話來說，這些經濟學家，「他們都相當於大學裡的正教授一級，他們是素質很高的人，往往也都是最有個性的人。他們對一個來自發展中國家的經濟學家，還是報以很大的期望的。」

除了經濟研究的任務，身兼世銀高級副總裁的林毅夫還要參與國際經濟關係的協調，這使他不得不夜以繼日地工作。對於他來說，經常「飛來飛去」，一個會議接一個會議是常事，而在飛機上能夠在無人打擾的情況下打個盹，那是最奢侈的事。因為，在飛機上必須對下飛機後需要做的事做好準備。

林毅夫說，世銀是一個比較大的機構，剛來上班時，到自己的辦公室還可以找到門，但是要到其他人的辦公室，經常就找不到門，經常需要提前出發。所以，這要有一段學習的過程，要了解它的文化、了解它的運作。林毅夫的辦公室位於世銀總部四樓，在他的辦公室的牆上，掛著幾幅中國水墨山水畫。在平時繁忙的工作之餘，他偶爾會抽出一點時間，去華盛頓郊外看山水。

　　2009年6月，林毅夫在接受《瞭望東方週刊》專訪時說，一年來，他「備感責任重大，總努力盡職盡責」。至於成績，他謙虛地表示：自己還算是一個「合格的」、「及格的」經濟學家。

　　2010年3月，林毅夫因為在世銀工作，未能履行其全國人民代表大會代表的職責參加一年一度的「兩會」。其妻陳雲英「代夫出征」，從華盛頓飛往北京參加全國人民代表大會會議。在接受媒體的採訪時，陳雲英用「沉著冷靜，善於思考」來形容林毅夫。她說：「林毅夫目前的工作非常穩定，他用真誠贏得了同事的尊敬。面對金融危機，林毅夫憑著深厚的經濟學功底，理出頭緒，作出一個比較悲觀的分析。當時世銀很多人認為危機只會延續1～2年，林毅夫沒有輕易樂觀，他否認了這種看法，認為危機的影響將要延續很久才能消除。事實證明，這一觀點有利於世界各國作出正確的應對決策。」「世銀是人才輩出的地方。毅夫是60年來第一位來自發展中國家的學者，要獲得認可是很難的。但我看到，如今毅夫團結了一大群經濟學家，他們樂意與他合作。現在可以很高興地告訴大家，世銀對林毅夫的工作評價很高。這是因為林毅夫十分誠實，從不譁眾取寵。」

　　世界銀行中國執行董事鄒加怡認為，林毅夫在世銀工作的第一年中，貢獻很多，他從實體經濟產能過剩的角度，對當前危機的性質和嚴重性作出了恰如其分的判斷；他通過對中國實施積極財政政策應對亞洲金融危機經驗的總結，提出了「超越凱恩斯主義」、將財政刺激的著力點放在解決發展瓶頸問題上的觀點；他針對新興市場國家和非洲產業結構的特點，提出了通過南南合作加速非洲工業進程的主張。

　　對於林毅夫初到世銀的表現，佐利克也給予了高度評價。他說，林毅夫向世銀展示了「值得尊敬的學術才能、可操作的經驗、具有合作精神的領導才能以及實踐與理論的卓越結合」，「世銀職員都欣賞他有深度的建議，我非常重視他的忠告和友誼。」

非洲考察：傳播「中國經驗」

對致力於消除貧困的世界銀行來說，非洲那些貧困人口最集中的地方，是它最應該提供幫助的地方。因而，林毅夫到世銀後，最關注的就是貧困人口問題。而他去世銀工作以後，印象最深刻的就是非洲之行。2008年6月10日，在世銀僅僅上任一周的林毅夫就來到南非考察。他馬不停蹄地走訪了衣索比亞、盧安達、迦納、奈及利亞等多個非洲國家，還到德國、日本等多個發達國家訪問。這是一種快節奏、高強度的生活。林毅夫說，在北京大學當教授的時候，儘管每一天的日程都安排得很滿，工作節奏也非常快，但在世銀工作的每一天，其工作節奏是讓人難以想像的。而他最大的苦惱，就是一天只有24小時，而世銀成員國有180多個，具體來講，「最大的難題，我想還是怎麼樣去了解每個國家，去真正地站在那個國家的立場，看他們的機遇和挑戰。」

林毅夫最大的希望是能夠跑遍世界的每個角落，從2008年6月上任至2010年年底，短短兩年多的時間，林毅夫已經跑了四五十個國家。因此，在他的工作日程表上，調整時差成為一件經常做的事情，而對他個人來說，調整時差也是一件最需要適應的事情。從北京到華盛頓，從華盛頓到南非，林毅夫需要在不同的時區中來回地「切換」。可以說，林毅夫作為一個在華盛頓工作的中國人，他既不能完全享有中國時間，也不能完全享有美國時間，他享有的是一個世界時間。從另一方面來說，儘管林毅夫在中國工作期間，已經研究了很多發展中國家和發達國家成功和失敗的經驗，對解決發展中國家的經濟發展問題已經積累了一定的經驗，但在世銀工作期間，他對世界各地新發生的事情也需要獲得新的認識和新的了解，他不能用固有的工作經驗來解決新發生的問題，因而，他在世銀期間的具體工作中，也存在一個調時差的問題。

而林毅夫最關心的還是非洲，截至2009年年底，他已經去過非洲5次。「非洲有一半的人口是貧困人口。世銀有責任幫助非洲發展經濟。我將藉世銀這一平臺促進這種經驗的交流，努力幫助非洲國家找到富裕之路。」林毅夫認為，非洲國家這四五十年基本上是原地踏步，而且在有些指標上還往後倒退了。比如，很多非洲國家的製造業的比重比20世

紀60年代製造業的比重還低。把非洲的經濟搞好，是世銀的使命，對於一個發展經濟學家來說，是非常具有挑戰的。

說到最深刻難忘的事情，是去非洲的農村，在那裡，許多非洲農民聽說世銀首席經濟學家來了，一等就是幾個小時，甚至半天。他們就是希望見面的時候，能反映一下他們的狀況，希望能對他們有所幫助。每次從他們的眼神中，林毅夫都看到他們很高的期盼，也能看到他們追求發展的強烈願望，每當這時候，林毅夫就更覺得任務艱巨。

在林毅夫的印象中，有這樣一件記憶猶新的事。他到莫三鼻克時，曾去參觀一個農村，途經一個農貿市場時，他看到有一群不到10歲的小女孩，每人手裡提著一個竹籃子，籃子裡裝的是一些芒果。因為在市場裡面做買賣是要交稅的，小女孩們估計是不想交稅，於是就提著籃子在市場外面賣。林毅夫看到這些女孩還這麼小，正是上學和需要別人照顧的年齡，但她們卻因貧窮非但受不起教育，還需賣東西貼補家用。林毅夫本想上去同這些小女孩交流一下，結果反而吸引了員警的注意。看到員警來了，她們撒腿就跑。芒果掉得滿地都是。有個小女孩因為沒力氣提著一竹籃子的芒果逃跑，結果只能把芒果丟了。

這件事讓林毅夫感觸非常深刻。從這些小女孩身上，可以看出當地的貧窮狀況，但也可以看到非洲經濟發展的動力。也就是說可以看出人們還是願意努力，抓住市場的機會，實現發展的願望。這些女孩的行為，本身就是企業家的行為，她們看到了市場上有獲利的機會，就把她們的資源組合起來，去掌握這個獲利的機會，然而還要冒風險。看到市場有機會，然後承擔風險去抓住這個機會，林毅夫感到，這就是企業家的作為。但為什麼她們這麼好的企業才能，只能去賣一些芒果，卻不能獲得更好的發展機遇呢？如果能給她們更好的發展機遇，並且她們能夠抓住機遇，推動發展，先是個人致富，然後帶動大家致富。像其他國家的企業家一樣，隨著經濟的不斷發展和產業的不斷升級，生意就能越做越大，越做越紅火。林毅夫認為，作為經濟學家，有責任明白非洲在發展過程中受限制的條件，有責任把這些國家的人民求上進的動力，變成

幫助他們求得發展的機制。因而，他非常希望在世銀工作期間，能夠把更好地帶動發展的機遇和經驗帶到非洲去。

因而，林毅夫把在非洲的工作重點，確定為播一些種子，傳播一些經驗。「所謂思想認識決定行動，我們所要做的就是能夠讓非洲的知識精英、非洲政府、非洲的百姓覺得在一代人中改變命運是有可能的。一個人能做的事很少，非洲的問題主要還是依靠非洲朋友自己來解決，但是要給他們信心，要給他們希望，讓他們覺得這是可能的。」在對非洲問題的解決上，我們再一次看到林毅夫身上的理想主義。

林毅夫認為，中國本身就是一個發展中國家，自己作為根植於這片土地上的經濟學家，對發展中國家面臨的機遇和挑戰有更深刻的了解。這樣可以把不同的視角帶入世銀，在投資發展中國家時，可以把相關的因素考慮進去。

儘管任何國家的經驗都不能簡單地移植到其他國家去，每個國家的狀況、發展的階段、面對的機遇和挑戰也不一樣。但是，中國的經驗對這些發展中國家來說，應該也是有價值的。因為，中國的政策經驗可以被發展中國家借鑒的不是某個具體的政策措施，而是這樣一個政策原則。它的目標就是把社會上的力量動員起來，達到一個和諧的發展。

林毅夫說：「30年前、20年前，甚至是5年前，我沒有想像到自己會有這個機會。我之所以有這個機會，是因為我們目前處於全球化的世界。世銀的宗旨是協助發展中國家，而要做到這一點，必須對發展中國家充分了解，能從它們的角度看問題。委任一個來自發展中國家的人能夠更好地掌握發展中國家的機會和限制，希望能帶動這個趨勢，希望更多來自亞洲發展中國家的人能在國際組織中作出貢獻。」

應對金融危機的新舉措

林毅夫世銀上任後，就遭遇了一個接一個的危機：先是通貨膨脹、糧食危機、石油危機，隨後是百年不遇的金融次貸危機。作為經濟學

家,林毅夫在這些危機面前感到異常興奮,通過研究,他對這些危機提出了相應的解決方案。

林毅夫的助手 Merrell Tuck 女士說,林毅夫的許多觀點都是「前瞻性」的——他在金融危機剛爆發時,就比其他許多人都顯得悲觀,但很不幸,他的觀點卻是正確的。佐利克也認可他對金融危機的判斷。中國駐世銀執行董事鄒加怡說,林毅夫為世銀帶來了一個發展中國家學者的獨特視角,他的思想素材來自中國豐富的發展實踐,就任以來,他在一系列重大經濟政策問題上的獨到見解,贏得了世銀內外的廣泛肯定和尊重。

「新馬歇爾計畫」:破解經濟寒冬的祕密武器

2008年9月15日,就在林毅夫上任不久,爆發了以雷曼兄弟銀行倒閉為標誌的全球金融危機,引起了各國巨大的恐慌。這是自20世紀30年代金融危機以來全球遭遇的最大的一次經濟危機。美國、歐洲等發達國家首當其衝,其經濟實力受到嚴重打擊。依靠國際投資和援助支持非洲經濟發展自然受到影響。受金融危機影響,美、英、法、義等各大援助國為節省開支,調動大批財政資金用於購買不良資產,解救證券市場,從而削減了對非洲國家的援助,致使非洲各國的經濟發展減速。

金融危機使發達國家經濟陷入衰退,降低了世界各國對石油和工業原料的需求,導致大部分非洲出口商品價格快速下探,出口額降低,讓自然資源豐富的非洲各國蒙受巨大損失。另外,金融危機使得非洲各國出現通貨膨脹,引起物價上漲和貨幣貶值。2008年,非洲開發銀行將非洲當年經濟增長預期由原來的6.5%下調至不超過5%。而中國政府由於採取了積極的財政政策,在投資、工業生產、進口等方面的增長非常迅速,帶動了日本、韓國、澳大利亞等國的經濟復甦。

林毅夫在這個時期就任,其工作量自然比平時更重,其中國角色和中國經驗顯得尤為顯著。他感到自己身負的擔子更加重大。林毅夫曾開玩笑說:「我到世銀後,遇到一個又一個『危機』,我們的團隊一直處

於興奮期。」作為一名經濟學家，林毅夫感到慶幸的是，能夠在這個特殊的時期觀察到一些特殊的情況，並由此形成新的理論，同時，能夠有機會對世界經濟作出貢獻。

林毅夫認為，這次危機主要是產能過剩的問題，是從金融危機逐漸變為實體危機。國際社會在解決金融業問題時，同時也必須關注實體經濟問題。由於金融危機已經轉變為「實體經濟」危機，所以這次危機雖然源於發達國家，但對發展中國家的影響也同樣巨大，加劇了世界貧困問題。

林毅夫表示，這場危機是近80年來第一個全球「同步」的危機，任何國家都沒有獨立應對的能力。現在需要做的，是各國果斷且協調一致地合作與努力。針對這場世界範圍內的金融危機，2009年2月林毅夫在華盛頓首度提出了一個宏大的全球復甦計畫——「新馬歇爾計畫」。「新馬歇爾計畫」建議美國、歐元區、日本和中國這樣的「高儲蓄國」和石油出口國在今後5年內拿出2萬億美元，主要投資於發展中國家的基礎設施等「瓶頸」項目，從而帶動全球經濟復甦。因為在林毅夫看來，經濟復甦的關鍵就在於：發達國家應將其經濟刺激計畫中的部分資金投向發展中國家，以幫助發展中國家突破經濟發展瓶頸，從而產生更大的需求和經濟效益。中國本來是發展中國家，因為是「高儲蓄國」，在林毅夫的計畫中，也把中國納入了援助方之列。

至於各國出錢的多少問題，林毅夫說：「可根據其經濟規模在全球中的比重而定，現有的機制如 G20 集團等可實施這個計畫。」他解釋稱，這個錢不是白給，而是一種債券投資，將給出資國帶來豐厚的回報，同時也有助於遏制正在滋生的保護主義。林毅夫舉例說，20世紀90年代，日本為擺脫經濟危機，政府曾發行許多國債，刺激投資，使政府債券佔 GDP 的比重，從60%上升到140%，但日本的經濟依然持續低迷。而中國在20世紀90年代末亞洲金融危機以後，政府主導在基礎設施和教育等領域投資，收到了很好的效果。成為此後10年中國經濟持續高速增長的動力之一。這說明，向發展中國家投資，更有利於提高產出效

率，解決產能過剩帶來的問題。這從短期來看，可以創造就業，刺激消費需求，從長期來看，可以為全球經濟發展打下更好的基礎。「當窮國的經濟得到發展後，它們對商品的需求也會隨之上升，最終向高收入國家購買更多的商品。」

可以說，「新馬歇爾計畫」是林毅夫化解危機、破解經濟寒冬的祕密武器。林毅夫說，第二次世界大戰後，正是美國對歐洲的援助阻止了饑荒，治理了戰爭給城市留下的瘡痍，並啟動了經濟重建，因而，「新馬歇爾計畫」正是想借鑒前人成功的經驗，修復金融危機給全球帶來的災難，使全球經濟盡快獲得復甦。林毅夫提出的「新馬歇爾計畫」與世界銀行總裁佐利克的提議是一脈相傳的。在2009年年初的講話中，佐利克提議，發達國家應「捐出」經濟刺激方案的0.7%來成立一個基金會。按佐利克總裁的建議，美國政府要拿出其刺激經濟方案7980億美元的0.7%即56億美元來成立援助基金。

有人說，當年帶領歐洲走出第二次世界大戰的戰爭殘敗局面的「馬歇爾計畫」是由美國人提出的，在60年後的今天，如果林毅夫提出的「新馬歇爾計畫」如能如願實施，並帶領全球走出金融危機造成的經濟衰敗的陰影，則將使中國在世界上產生深遠的影響。

世界經濟復甦取決於「G2」

2009年3月，世銀總裁佐利克和副總裁林毅夫在《華盛頓郵報》上聯合發表文章《世界經濟復甦取決於G2》。「G2」（兩國集團）即指美國和中國。眾所周知，美國是世界最大的消費國，中國是世界上最大的儲蓄國。文章中指出，美國正處於嚴重的經濟衰退之中。世界經濟要想復甦，這兩台推動經濟發展的「發動機」必須合作，並成為包括美國、日本、德國、法國、英國、義大利、加拿大、俄羅斯等在內的20國集團（G20）的引擎。沒有G2的強勁發展，G20就將令人失望。

佐利克和林毅夫在文章中稱，引發全球廣泛收支不平衡的根本原因是結構性的：美國的過度消費和中國的過度儲蓄。對美國而言，消費熱

是股市和房地產泡沫刺激產生的。同時還伴著美國儲蓄率的暴跌。對中國而言，儲蓄過剩是金融、公司和資源部門結構畸形的結果。

中國儲蓄率高達國內生產總值的一半。但中國家庭儲蓄僅約佔國內生產總值的20%，來自企業部門大公司的儲蓄高得非比尋常。雇用著80%的工人的中小公司獲得金融服務的機會非常小，因為金融部門由四大銀行主宰，而它們主要服務於大公司。小企業缺乏獲得金融服務的管道，制約了其發展，限制了就業並帶來了下調工資的壓力。中國金融結構的扭曲意味著，通過低收入和低利率，中國普通百姓和中小公司一直在補貼大公司和富人。

這篇文章中認為，中美兩國應加強以下幾方面的合作：

首先，兩國應聯手防止全球陷於持續衰退之中。美國必須增加儲蓄和投資，而中國則應增加消費，經濟刺激方案應重點關注使較窮的消費者獲得購買力。

其次，中美戰略經濟對話應重點關注如何減少兩國結構性的消費和儲蓄失衡的問題。美國必須使儲蓄和消費恢復平衡，不應再回到最大限度使用信用卡、肆無忌憚消費的日子。為了達到建立社會主義「和諧社會」的目標，中國需要改進收入分配體制，應該加強社會保障，提高工資和服務部門的效率，尤其應促進銀行部門改進對中小企業的服務，中國還應該打破寡頭賣主壟斷的局面，對競爭開放，如電信行業。美國是中國最大的出口目的地，中國則是美國國債最大的買家。這樣的調整對減少全球金融動盪的風險大有幫助。

G2 概念的提出，反映了當前國際格局的某種變化。以美國為主導的現有國際體制不能很好反映新興國家的利益訴求，在解決全球和區域問題上也表現乏力，國際金融危機的爆發進一步顯現出既有秩序的治理困境。發達國家希望通過 G20 機制要求發展中國家在危機應對中承擔更大的責任，而發展中國家則考慮藉助這一平臺提高國際話語權。由於中國在新興國家集團中的重要分量和突出地位，G2 的概念的提出，其目的也是督促中國在全球經濟發展和世界政治治理中發揮更大的作用。

最早提出中美合作「G2」構想的是美國彼得森國際經濟研究所所長費雷德伯格斯特，他在2008年夏天發表於《外交》雜誌上的文章首次提出。

並在第四輪中美戰略經濟對話閉幕後召開的媒體電話會議上，宣傳他的中美「G2」構想。他認為，如果美國要鼓勵中國在全球經濟中承擔更多的責任，就應該和中國分享全球經濟的領導地位。對此，他提出建議：美中戰略經濟對話機制應進一步升級為「領導世界經濟秩序的兩國集團格局」。

關於中美的合作，美國哈佛大學歷史和金融雙棲教授尼爾弗格森也曾提出一個全新的概念，即「中美國（Chimerica）」，他認為，現在中美已走入「共生時代」：美國是全球最大的消費國，中國是最大的儲蓄國；雙方合作方式是美國負責消費，中國負責生產。

在此前的世銀的定期評估報告中，就多次預測，2009年全球經濟將出現第二次世界大戰以來的首次萎縮，貿易將降至80多年來的「冰點」，世界經濟復甦的前景將取決於中美兩大經濟引擎的合作。而此次世銀總裁、副總裁共同撰文，提出「G2」的概念，並在《華盛頓郵報》這樣具有全球影響力的報紙上刊登，再次讓「G2」這個概念成為新熱點。而佐利克與林毅夫之間默契的合作，本身就是一個「G2」：一位是美國人，一位是中國人。

超越凱恩斯主義：謀求全球共發展

約翰‧梅納德‧凱恩斯是英國著名經濟學家，他因開創了經濟學的「凱恩斯革命」而著稱於世。他認為，在現實生活中存在著邊際消費傾向遞減、資本邊際效率遞減和流動偏好三大經濟規律。由於這些規律的存在，隨著社會的發展必然出現有效需求不足的問題。有效需求不足使企業生產出來的東西賣不出去，企業停產乃至破產，最終導致資本主義經濟危機的爆發，造成工人失業。針對這種情況，他在1936年出版的著作《就業、利息和貨幣通論》中，主張國家採用擴張性的經濟政策，

通過增加需求促進經濟增長，即擴大政府開支，實行財政赤字，刺激經濟。這就是著名的凱恩斯主義。每當經濟危機來臨之際，人們總是會想起凱恩斯主義，並把它奉為解決金融危機的首選良方。

2009年6月29日，林毅夫應新加坡《聯合早報》和「通商中國」的邀請，前來新加坡出席一場名為「名人演說系列2009」的演講活動。林毅夫演講的標題為「超越凱恩斯主義──全球發展的挑戰」。在演講中，林毅夫認為，各國政府需要用凱恩斯主義來救經濟，但是資金雄厚的發達國家可考慮超越國界限制，到需要外來資金以刺激經濟發展的發展中國家投資。這種跨國界投資不僅將加強發展中國家的增長潛能，也能夠為發達國家創造大規模的市場，這本身就是一種雙贏。在金融危機爆發前，危機的主要根源是金融領域，金融危機爆發後，問題的主要根源就是在實體經濟部門。如果產能過剩比較嚴重，對國內需求就會受到相當大的抑制。在產能過剩的同時，民間部門投資機會非常少。投資減少，消費又不旺盛，經濟增長下滑的壓力就非常大。當經濟增長下滑，金融機構的呆帳、壞帳就會不斷出現。只要產能過剩情況不消除，經濟危機禍根就還存在。當經濟增長放緩以後，一些國家的稅收就會減少，然後外匯收入減少，外債就還不清。

產能過剩的解決辦法，從傳統經濟理論來講，必須用凱恩斯主義的政策，即政府用積極的財政政策刺激消費，刺激需求。但目前使用積極的財政政策面臨兩難選擇。如果繼續使用積極的財政政策，尤其是在發達國家，可能會出現經濟學上所討論的李嘉圖等值（Ricardian Equivalence）問題，即政府用積極財政政策刺激消費、刺激需求，將來，政府的花費總是要還的。政府必須要增加稅收或使用通貨膨脹稅。老百姓預期將來政府的稅收要增加，就會減少支出、增加儲蓄，政府的債務將會高築。

林毅夫以中國和日本兩個都曾採取「凱恩斯主義」政策的國家作比較，指出世界要擺脫當前的經濟危機，各國政府通過財政政策作為刺激經濟的手段是必要的，但卻應該避免採用日本那種為了刺激而刺激，沒

考慮刺激措施是否有助提高生產力的手段。因為日本的經驗顯示，單靠這種傳統式的凱恩斯主義政策，並不能帶領它走出經濟低迷期。按林毅夫分析，中國政府所採用的具有針對性的凱恩斯主義政策，即專對限制國家發展的瓶頸領域進行刺激性投資，才是經濟復甦之道。例如，中國在1998年展開財政刺激政策以來，高速公路的總長度就從4700公里猛增至2002年的2.5萬公里，解決了交通瓶頸的問題，也促成這個國家自1979年以來連續取得高增長，實現經濟奇蹟。

「世界正向一個需要政府干預的凱恩斯世界轉型，但這個過程卻遇到兩個限制，即高收入國家有資源卻沒多少可供投資的瓶頸領域，低收入國家則有更多的瓶頸領域但卻受限於資源。人們必須超越傳統的凱恩斯主義，各國政府在制定財政刺激政策時，應該側重於打通經濟瓶頸。」林毅夫曾打比方說：「我有一個朋友住在日本，他家門前的馬路鋪了又挖，挖了又鋪，總共6次，這就是標準的凱恩斯主義。老的凱恩斯主義就是：在地面上挖個洞就能創造需求。但這次金融危機之後，我們需要超越凱恩斯主義。積極的財政政策應該尋找那些能提高經濟增長潛力的項目，突破瓶頸，而不是單單盯著基礎設施建設。包括中國在內的發展中國家，服務業在經濟中的比重都比較低，因而在這方面，發展中國家機會更多。」

林毅夫解釋，由於發達國家一般基礎設施較完善，除了當前的綠色環保領域之外，並無太多投資空間。反之，發展中國家不僅提供大量投資機會，這些投資領域往往能帶來高回報，足以償還當初所付出的投資成本。

當前的全球經濟危機的成因是冰凍三尺，且已發展成需求下降、產能過剩、消費信心下滑等環環相扣因素互相影響的複雜局面，實體經濟也被始於金融領域的危機波及。為此，林毅夫認為按照眼前閉關自守的全球經濟情況，各國過剩的產能是無法通過減低價值以刺激出口來加以消化的。因此，儘管金融領域出現的一些股市開始上漲等被形容為「綠芽萌長」的積極信息，這些並非代表實體經濟的基礎已獲得改善。「這

些綠芽的出現是因為各國政府向金融體系注入了大筆資金。由於實體經濟的領域缺乏投資機會，加上人們又需要尋求投資管道，所以才將資金引向金融領域。如果實體經濟領域的情況沒有顯著改善，這種樂觀情緒是難以維持的。」

　　林毅夫希望發達國家盡快把資源投向發展中國家，以為未來可持續的、共用式的增長奠定基礎。對於這項建議，林毅夫同許多發達國家的首腦都做過探討，並都獲得積極的反應，如韓國和德國等國政要也贊同他的建議，新加坡總理李顯龍也作了積極回應。

堅持全球化　應對金融危機

　　2010年1月，林毅夫在其題為《後危機時代的經濟全球化》的文章中稱，在這種大氣候下，全球化遭到了口誅筆伐，甚至連某些能從中大為受益的發展中國家都有領導人站出來反對。眾所周知，烏干達總統約韋里‧穆塞韋尼曾積極推動烏干達融入世界市場，但他也表示，全球化「同樣代表的是舊秩序」，富國為了維護本國在發展中國家市場中的利益，把全球化當作「新的控制手段、壓迫手段、邊緣化手段」。

　　在文章中，林毅夫指出，封閉一個經濟體，也許能使其與外部衝擊相隔絕，但這也會導致經濟發展停滯，嚴重的甚至會在本土引發經濟危機。發展中國家若想從此次危機中保險地全身而退，若想在這經濟全球化的世界裡為經濟持久、穩健發展打下良好基礎，在2010年乃至今後都必須以史為鑒、吸取教訓。在這篇文章中，林毅夫提到，在經濟全球化的大背景下，發展中國家如何利用自身的比較優勢、實現經濟繁榮。他認為，像中國、印度這些發展中國家該大力扶持一些符合本國比較優勢的產業，用這些產業幫助它們渡過難關。這些國家需要用由相對剩餘勞動力、自然資源、資本等要素決定的比較優勢來加強競爭力，為經濟的強勁增長、良好的財政收支和對外收支狀況提供有力支撐。

　　一個國家要是無視其自身的比較優勢，比如一個經濟體缺乏資金，卻推行進口替代戰略來發展資金密集型產業、高科技產業，那麼該國政

第八章　新征途：天降大任　空降世銀

■ 175 ■

府就會頻繁使用畸形的補貼手段和保護措施，反而會抑制經濟的發展。反過來，這些經濟風險同時也會不利於政府的財政收支和國家的對外收支。這些國家如果沒有能力及時推行反經濟週期的政策措施，那麼當危機來襲時，這些國家也只能「坐以待斃」。

在經濟全球化的大背景下，一個國家想要利用自身的比較優勢、實現經濟繁榮，需要構建一個能體現出各生產要素所作貢獻的相對剩餘狀況的價格體系。在這樣的環境裡，企業就有積極性進入那些能充分利用其富餘的勞動力彌補自身資金劣勢的產業，從而能夠降低成本、加強競爭力。

林毅夫認為，這樣的相對價格體系只可能在實行市場經濟的國家裡實行。中國在20世紀80年代推行改革轉向市場經濟之後，迅速成長為經濟飛速發展的「火車頭」，中國在這場經濟危機中表現良好，並在2009年實現8%的經濟增長。這是中國實行市場經濟的結果。

一個國家充分利用自身的比較優勢，能夠加強其適應經濟危機的能力，並使其同時能迅速積累人力資本和實物資本。發展中國家若具備這些特質，就能夠對生產要素的貢獻狀況進行調整，在一代人的時間跨度裡，就能實現從勞動力相對過剩、資源相對過剩轉向資金相對富餘。在今日競爭激烈的全球市場裡，各國需要根據本國各生產要素的貢獻比例變化，不斷升級本國產業結構，使之更趨多樣化。一個起帶頭作用的企業在產業升級或多元化經營上的成敗與否，將會影響到其他企業跟隨的腳步。而政府對於這種帶頭企業的補貼，能夠有效加速其升級換代的進程。

全世界已在一體化的道路上漸行漸遠，現在再選擇「掉頭」已然是不可能的事情了。我們必須充分吸取過去的經驗教訓，將目光聚焦於建立能夠良好運行的市場上——這種市場要能使發展中國家充分發掘利用自身的比較優勢。在這一進程中，無論是發展中國家還是發達國家，國家本身無疑都適合扮演起促進的角色，不過各國根據本國所處的發展階段、水準，所應扮演的角色還是不同的。

在《後危機時代的經濟全球化》這篇文章中，林毅夫進一步呼籲，面對金融危機，各國依然應該堅持全球化，各國之間的相互聯繫，相互往來是必要的。「在現今複雜而又相互聯繫的世界裡，即便是最有競爭力的經濟體，在攀爬『世界階梯』時也有需要援手的時候。」

2010年6月10日上午，世銀在網上發布了最新的《2010年全球經濟展望》預測，該預測表明：2010年和2011年全球 GDP 均會在2.9%～3.3%的範圍內增長，中國經濟在這兩年的增速則分別為9.5% 和8.5%。而得益於中國經濟的復甦，東亞太平洋地區的經濟增速仍將居全球首位，預計2010年增長8.7%，2011年增長7.8%。世銀在這份最新的經濟展望報告中預測，全球 GDP 到2012年將升至3.2%～3.5%，一反2009年2.2% 的下滑態勢。而發展中經濟體2010～2012年增長將達5.7%～6.2%，但預計高收入國家2010年增長將在2.1%～2.3%，尚不足以抵消2009年3.3% 的收縮，隨後2011年增長預計為1.9%～2.4%。

林毅夫針對這份報告指出：全球經濟復甦基礎仍不牢固，許多經濟體需要保持財政刺激，未來中國經濟沒有二次探底的風險，但其他經濟體是有二次探底的風險的。他認為，世界經濟的衰退程度還在加深，而且截至目前這種衰退還沒有觸底。同時，很多發展中國家沒有足夠的財力去刺激本國的經濟，所以發達國家需要與這些發展中國家進行協調和合作。

中國面臨的危機和挑戰

面對金融危機，林毅夫對世界經濟的復甦持悲觀態度，但對中國經濟持續增長卻持非常樂觀的態度。他對中國採取的應對經濟危機措施給予積極評價，他認為，中國經濟克服當前國際金融危機並實現較快增長，主要得益於政府積極的財政政策、基礎設施建設及產業升級、擴大內需這三大有利空間。他認為中國經濟增長率有望保持在8%～9%。但同時，他也看到中國下一步經濟增長可能面臨的制約因素和瓶頸，一是

收入差距增大，一是就業困難。

四萬億元的投入引起的爭議

2008年11月9日，中國政府對外宣布了將投資4萬億元人民幣用於金融危機救市的計畫，由穩健的財政政策和緊縮的貨幣政策轉為積極的財政政策和適度寬鬆的貨幣政策，通過10項措施來擴大內需，刺激經濟增長，避免金融危機影響加劇。對這4萬億元投資，中央提出8大投向，包括：建設保障性安居工程、農村基礎設施建設、鐵路公路和機場等重大基礎設施建設、醫療衛生和文化教育事業發展、生態環境建設、自主創新、結構調整以及地震災區重建。對於4萬億元這一刺激經濟方案的前景，國內經濟學界在2008年當年就普遍給出肯定回答。

清華大學中國與世界經濟研究中心主任李稻葵表示，2007年中國的GDP是26萬億元，中央投資4萬億元會在未來兩年內花出去，平均算每年花2萬億元，約佔 GDP 的7‧6%，顯示出調控部門對於保持中國經濟平穩快速增長的堅強決心。4萬億元投資政策一旦落實，對於中國經濟將起到巨大推動作用，「即使是最保守的計算，也會在今後兩年每年拉動經濟增長8.4%，這就意味著，即使今後兩年中國貿易順差完全消失，中國經濟也將繼續保持原來的增長速度，基本抵禦了全球經濟波動對中國經濟的衝擊。」此前，對中國經濟增長未來是否能夠「保8」，外界普遍信心不足，而如果經濟增長真低於8%，對發展中國家而言則意味著「經濟衰退」。

《財經》首席經濟學家沈明高表示，國務院出臺的新措施將在未來兩年內新增加約4萬億元的投資，相當於2007年全社會固定資產投資的29.2%，約相當於每年拉動真實 GDP 增長2個百分點。

國際投顧紛紛出報告看好中國經濟。美林發表研究報告稱，中國落實推行積極的財政政策和適度寬鬆的貨幣政策，通過擴大內需促進經濟增長，2009年中國經濟增長有望實現8.6%。

但也有學者認為，中央新增4萬億元投資措施的出臺正在為2010年

下半年埋下經濟過熱的隱憂。

新加坡南洋理工大學亞洲研究所所長陳光炎教授說，他通過4萬億元經濟刺激配套的乘數效應（multiplier effect）進行測算，估計中國的國內生產總值（GDP）2009年將被經濟刺激配套拉動2.8%，到了2010年這個數字將躍升到6.8%，使中國的GDP增長在2010年上衝到12%～15%的高位。但到時，煤電油運瓶頸，通脹壓力，資源浪費、腐敗與低效重複建設等老問題可能再次困擾中國；2011～2012年中國也將出現新一輪產能過剩的風險。

陳光炎教授指出，當前許多地方政府一聽說中央要刺激經濟，即一窩蜂擁上北京要項目，原本不能上馬的項目也在力爭上馬。

當4萬億元的項目信息公開後，有很多熱心的，並且具有專業水準的網友自覺地承擔起監督政府的公民責任，他們希望通過監督發現，究竟有沒有項目是在浪費納稅人的錢財，有哪些項目是不合理的。對4萬億元的投資方向，據有關資料顯示，主要是集中在「鐵（鐵路）、公（公路）、基（基礎設施建設）」重大項目，近9成的項目被國有大中型企業擁有，國企成為大規模投資的最為主要的受益者。而民企通常不在這些行業內。這樣，旨在保增長的擴張性政策，通常會導致「國進民退」。全國工商聯在《中國民營經濟發展報告（2008～2009）》的藍皮書中指出，國際金融危機給中國民營經濟帶來的副作用已經開始顯現，隨著行業壟斷的逐步強化，4萬億元投資正在對民營經濟產生排擠效應。

林毅夫認為，中國4萬億元人民幣的財政刺激計畫有助於將中國的經濟增長率保持到8%～9%的水準，這4萬億元達到國內生產總值的15%，這個力度遠超過美國財政刺激的力度，跟以前相比，中國經濟是有了顯著的下降，但跟其他國家比，中國經濟還是世界經濟增長最快的國家，中國經濟有望為全球經濟能作出最大的貢獻。如果這4萬億元的財政刺激計畫用於改善農村和中西部二線城市的基礎設施，帶出新的功能，中國經濟就能有望保持持續增長。並且在其他國家經濟衰退時，中國經濟能夠繼續前進，中國有可能在2020年成為全世界最大的經濟體。

第八章 新征途：天降大任 空降世銀

　　出口的下降對於亞洲國家來說影響尤為嚴重，中國4萬億元人民幣的刺激計畫有助於亞洲國家增加出口，也有利於穩定資源價格，同時還有利於刺激發達國家資本產品的需求。中國的財政刺激計畫也表明，在全球應對金融危機的戰鬥中，貨幣政策已經開始逐步讓路給財政政策。對這4萬億元是否能救市的質疑，林毅夫表示，4萬億元的投資計畫，已經足夠了，這已經是中國有史以來規模最大的經濟刺激計畫，接下來的問題是如何規劃和落實好這些投資。

中國收入差距變大

　　2010年1月7日上午，由北京大學國家發展研究院和美國美中關係全國委員會共同舉辦的「中國經濟2010」論壇在美國紐約股票交易所舉行。此次研討會的主題是對2010年的中國經濟的預測。在演講中，林毅夫認為，中國目前需要應對的嚴峻挑戰是收入差距過大的問題。

　　在這次論壇上，林毅夫首先談到中國改革成功的關鍵因素和改革的成本。他認為，在過去30多年間，漸進的改革方法逐漸被採納，中國開始逐步放開市場，取消限制，允許私有部門進入經濟領域，由於中國的比較優勢在於勞動密集型行業，因此，私有部門主要進入勞動密集型行業，這些部門所具有的比較優勢和所獲得的成功也為其他部門的改革創造了條件。這就是中國為什麼能夠取得動態經濟增長，同時又保持著社會穩定的主要原因所在。

　　當談到改革的成本，林毅夫指出，內部和外部的失衡是改革的負面結果，也是中國當前承擔的成本，其中內部失衡表現在收入差距的擴大，特別是城鄉收入差距的擴大以及儲蓄和消費之間的失衡；外部失衡表現在外貿盈餘的增加。外部失衡是由內部失衡造成的，而內部失衡的關鍵因素是收入差距的擴大。目前中國的堅尼係數已經達到了0.48，高於許多發展中國家，收入不平等已成為影響社會的長久穩定和經濟的可持續發展的關鍵因素。相對於高收入者而言，低收入者的消費傾向很高，儲蓄傾向很低，因此，增加低收入人群的收入，會提高中國的消費傾

向，這也會減少儲蓄和投資之間的失衡。但是目前的收入分配形式導致了中國總體消費傾向很低，而總體儲蓄傾向很高。如果一個國家的儲蓄增加，那麼投資必然會增加，也正是因為國內總體消費傾向很低，導致了中國必須依靠全球市場來分配其產品，這就使得貿易盈餘不斷增加。

那麼什麼是導致內部失衡的主要原因呢？林毅夫認為，一些部門改革的落後是其癥結所在。首先，中國的金融部門改革落後於經濟改革，中國的金融部門由四大國有銀行佔主導，由於信息的不對稱，大銀行傾向於給大企業貸款，小銀行傾向於給小企業貸款。因此在中國，大企業容易得到金融支持，中小企業難以從大銀行中得到足夠的信貸，這對中國的收入分配造成了兩點影響，第一，由於中小企業更多從事勞動密集型生產，勞動密集型產業會受到損害，從而減少了就業的機會，在中國，工資是中低收入人群收入的主要組成部分，如果工資降低，收入自然就會減少；第二，低收入水準的群體更加難以從大銀行獲得資本服務。

此外，自然資源部門改革也落後於經濟改革。改革前，中國為了支持重工業的發展，會扭曲投入品的價格，自然資源作為生產投入品之一，其價格也受到了嚴重的扭曲，更為關鍵的是，除了在1979年後私有部門逐漸地被允許進入自然資源部門之外，截至目前大部分的扭曲並沒有得到糾正，由於自然資源的國內價格與國外價格有很大的差距，而能夠利用自然資源的群體就會從中受益，中國收入差距因此又會被擴大，這種收入的不平衡導致了消費和儲蓄的不平衡，進而又影響到了外部的不平衡。中國面臨的這些挑戰說明為了完成向市場經濟的轉型，糾正金融部門和自然資源部門的扭曲是很重要的，這些扭曲的糾正會使中國的發展更加符合其比較優勢，同時也會創造出更多的就業機會，減少收入的不平等和儲蓄消費的不平衡，還有助於減少中國的外部失衡。如果中國能夠做到這一點，中國就有希望在繼續保持健康穩定的經濟增長的同時，也能夠對解決全球失衡問題作出重要的貢獻。

儘管林毅夫對世界經濟的復甦持悲觀態度，但對中國經濟持續增長卻持非常樂觀的態度，同時他也看到中國下一步經濟增長可能面臨的制

約因素和瓶頸。林毅夫認為，當前最大的問題可能是收入差距太大、收入分配不公的問題，並稱這個問題不盡快解決，可能影響下一步發展。現在的悖論是低收入的群體補貼高收入的群體——低收入的人把錢低息存入銀行，通過大銀行和股票市場支持大公司，而少數大公司並不能解決更多的就業和提高其他大多數就業者的工資水準。解決方案是金融改革，他認為必須大力發展中小銀行，支持中小企業發展，進一步擴大就業和提高勞動者工資收入。林毅夫說：「加快推進收入分配改革，三個領域非常重要。一是金融領域。中國金融體系目前仍以大銀行和股票市場為主，主要為大公司和富人提供資金服務。勞動密集型的中小企業以及小農戶很難從中得到資金服務。窮人將錢存到銀行，實際上是補貼了富人和大企業。二是改革中財富轉移的不公。比如資源開採稅費很低，國家所有的資源轉移到資源開採企業，造成財富轉移中的分配不公。三是壟斷性行業也加劇了分配不公的問題。」林毅夫對於未來的國際經濟形勢評價是「漫漫長夜，撲朔迷離」；對中美關係的評價是「晴時偶陣雨」；對中國的發展評價是「風景這邊獨好」！儘管林毅夫認為中國經濟風景這邊獨好。但他也深知，中國經濟的發展也同樣面臨很多問題，諸如城鄉差異、地域差異、貧富分化、腐敗問題、效率低下、污染問題、能源問題等很多困難擺在我們面前，經濟發展之路還是任重道遠。

最大的挑戰就是就業難問題

2010年，中國經濟在這次席捲全球金融危機中率先平穩回升，並成為當前世界經濟增長的主要推動力。對當前中國經濟，林毅夫一直持比較樂觀的態度。在他看來，由於中國擁有龐大的國內市場，以及中國政府採取了正確的財政貨幣政策，所以中國經濟成功應對了金融危機。「2009年中國經濟（增速）達到8.7%，在全球經濟下滑2.2%的狀況下，確實是一枝獨秀。」「2010年我們估計全球經濟增長2.7%，假定中國經濟增長8%，那麼在2.7%的增長當中，中國的貢獻率約佔30%。」但另一方面，林毅夫認為，中國政府成功應對了金融危機的挑戰，但中

國經濟仍面臨諸多挑戰，在當前經濟轉型過程中，最大的挑戰就是解決就業難題。

就業問題同樣也是全球的難題。2010年1月6日，《中國日報》言論版發表文章稱，世界經濟剛剛經歷了一場嚴重的衰退，表現為金融的動盪、大規模財富的蒸發、工業產值的下降及全球貿易額的下跌。國際勞工組織提供的資料顯示，2009年，全球勞動力市場狀況的持續惡化，據估計可能會引發全球失業工人人數比2007年增長3900萬～6100萬。截至2009年年底，世界範圍內的失業人數可能達到2.19億～2.41億。

2009年，中國社會科學院發布報告稱，中國中小城鎮失業率已攀升到9.4%，在全球金融危機下，截至2008年年底，中國已有67萬家小企業被迫關門，約有670萬就業崗位蒸發，中國的失業人數可能遠高於官方估計的830萬人。2009年，610萬大學畢業生中，就業困難的比率可能達到了25%。

中國經濟學家陳永昌把中國的基本國情概括為「一大、三多、一少」。「一大」是指中國人口基數大。儘管實行了計劃生育政策，中國的人口出生率降到1.83%，但是每年仍要新增1000萬的人口。「三多」是指農民工多、國企下崗職工多、畢業大學生多。「一少」是指就業崗位少。他認為，調查統計顯示，中國每年正常所能提供的就業崗位大約在1000萬左右，而每年向社會提供的勞動力在1700萬左右，這樣就可以粗略地算出每年過剩700萬。逐年累計，形成「滾雪球」效應，就業壓力越滾越大。尤其是2008年遇到了金融危機，實體經濟受到影響，經濟在下滑，那麼2009年可提供的就業崗位要縮減到800萬～900萬。一面是增加的勞動力越來越多，另一面是金融危機所提供的就業崗位越來越少，那麼供求矛盾會越來越大。

關於金融危機下如何解決就業難的問題，中國著名經濟學家茅于軾認為，目前許多人贊同的「保增長」就能「促就業」的觀點並不完全成立，相反，「促就業」卻有助於「保增長」。眾多大型基礎建設的投入能夠拉動GDP，卻不能提供太多就業崗位，這就是為什麼從1995～2005

年，中國的 GDP 增長了10個點，而就業卻只增長了1%。但反過來，把「促進就業」的重點找準了，「保增長」就不再是一句空談。就業一旦向服務業發展，就可以拉動內需，降低投資，帶動就業。林毅夫認為，中國仍面臨嚴峻的就業壓力，因此必須保持一定的經濟增幅，才有可能解決就業問題，只有解決就業，社會才會穩定。

在目前中國出現的社會問題中，林毅夫最擔憂的就是當前中國收入分配差距不斷擴大的走勢。他認為，中國這30年來經濟發展得非常好，但也存在問題，矛盾焦點可能在收入分配，而收入分配與就業是相關的。在危機當中如果就業解決不好，低收入人群的收入會更低，收入差距就會更大。而要確保收入的合理再分配，歸根結底仍要落實到解決就業問題上。因為對低收入人群來說，最主要的收入就是工資，只有就業才能讓勞動力價值得到體現，解決收入問題與解決就業問題其實是一個問題的兩個方面。

沉著應對危機　理智應對災難

林毅夫赴任華盛頓之後，就遭遇了危機的「夾道歡迎」：通貨膨脹危機、糧食危機、石油危機及後來演化為金融風暴的次貸危機。就連林毅夫的妻子陳雲英也這樣解讀說：「這麼多危機一起端出來，感覺就是上菜了！」這些一個接一個的危機的來臨，好像是在考驗這個剛上任的世銀副總裁的功力。當時世界銀行的經濟學家們都在感慨，林毅夫面對的挑戰比前六任首席經濟學家面對的挑戰加起來還多。

林毅夫說，2008年6月到任時，先是面臨全球的糧食危機，隨後又是全球的石油價格高漲、暴漲的問題。

2005年以來，全球食品價格累積上漲超過了75%，2007年，全球糧食價格全年飆升了40%，2008年前8個月，糧價的漲幅超過50%。在這次糧食危機中，美國出現了自第二次世界大戰以來的首次搶米潮。美、英等多個國家為防止搶米潮不得不進行大米限購，甚至全球最大的大米出

產國泰國都出現了米荒。泰國大米價格的飆升幅度超過100%，在喀麥隆、塞內加爾等多個非洲國家相繼爆發了糧食騷亂造成的人員傷亡。聯合國糧食計畫署執行幹事喬塞特‧希蘭表示，食品價格上漲已經引發一場「無聲的海嘯」，全球超過1億人可能陷入饑荒。世界銀行總裁佐利克則警告說，食品價格上漲可能意味著削減貧困努力的成果會「倒退7年」。

2008年以來，國際油價一路攀升。此次原油價格大幅攀升是受到美國、中國、印度等國家原油需求不斷增加的影響，而石油產量已接近極限，石油產能的提升空間正逐步達到頂點。這些危機對發展中國家來說其發展受到了極大的影響。林毅夫上任後，立即著手進行幫助發展中國家，尤其是一些低收入的國家解決糧食和石油價格的問題。

到了9月份，美國雷曼兄弟破產，全球金融危機爆發。作為世銀總裁的首席經濟顧問，林毅夫必須對此次危機產生的影響、其演進變化的趨勢作出判斷和提供諮詢。這對林毅夫不能不說是一個壓力和挑戰。

除這些危機之外，林毅夫還遭遇了一道自然災害的考驗。近兩三年來，中國乃至世界地震、乾旱等自然災害頻繁發生。2008年5月中國四川汶川地震、2010年1月海地地震、2010年4月中國青海玉樹地震、2011年2月紐西蘭克賴斯特徹奇（基督城）地震、2011年3月中國雲南盈江地震、2011年3月日本地震、海嘯及核洩漏事件等，所有這些自然災害造成的傷亡和影響可以說是觸目驚心的。

林毅夫上任後，直接參與並引導了一份題為《自然災害、非自然災害：有效預防的經濟學》的報告的寫作。這份報告是世銀與聯合國合作，動員了全球27個機構、70多位專家經過兩年的努力完成的。這份報告發布後，獲得了6位諾貝爾經濟學獎獲得者的推薦。這份報告中傳遞的一個主題就是：儘管地震、乾旱、洪水和風暴都是自然災害，但由於人類的作為或不作為導致的死亡和損失結果卻是不一樣的。如果相關個人或各級政府採取了某些措施，災害所造成的死亡人數和財產損失會大大降低。這份報告主要從經濟學角度對災難進行審視，探討了如何以符

合成本效益的方式實現有效預防。

　　林毅夫認為，這份報告的寫作非常及時。由於自然災害的頻繁發生，各國家有必要在災害的預防上作出一些合理的投資，以提高對災害的預防能力。

　　2011年3月21日，在北京大學國家發展研究院，舉行了《自然災害、非自然災害：有效預防的經濟學》一書的發布會。在發布會上，林毅夫指出，1970～2010年，全球有330萬人在自然災害中喪生。其中，貧窮的國家死亡人數所佔的比重較大，僅非洲因乾旱死亡的人數就達到100萬。從經濟損失上來說，在過去40年裡，全球由於自然災害造成的經濟損失高達2.33萬億美元，其中，以地震和乾旱引起的自然災害為主。這些經濟損失主要集中在中等發達國家。這是因為高收入國家的預防能力較強，所以損失較小，而低收入國家因為經濟收入的總量少，所以災害所造成的危害的比重相對也較低。中國現在為最大發展中國家，對各種自然災害造成的損失是不可忽視的，必須引起高度的重視。

　　到21世紀末，全球因為災害造成的損失可能會增加3倍，達到每年1850億美元，其中還不包括氣候變化造成的影響。如果就氣候變化造成的影響而言，單單是熱帶颶風造成的損失每年就有可能達到680億美元。因而，在自然災害上面，預防重於重建。

　　林毅夫認為，這本書第一次從世銀的角度進行全面的經濟分析，發現有效的預防在成本效益上面的回報是非常高的。這本書尤其注重於在制度上的分析，通過研究發現，制度安排很好的國家，即使是貧窮的國家，如亞洲的孟加拉，也會對災害採取有效的預防措施。因而，預防災害要讓某些制度的安排包括市場得到完善的發育。市場本身並沒有多麼崇高的目標，僅僅只是以贏利為主，但不同的制度安排，對災害的預防以及災害的重建會產生不同的作用。因而，世銀有必要幫助可能遭受災害的地區和國家培育、建立和完善各種制度。

諾貝爾經濟學獎：中國經濟學人的夢想

　　諾貝爾經濟學獎是經濟學最高獎項。但時至今日，尚無華人獲得此獎。一直以來，林毅夫是華人經濟學家中獲得此項經濟學獎呼聲最高的。林毅夫獲諾貝爾經濟學獎有如下有利條件：一是他是諾貝爾經濟學獎得主舒爾茨的關門弟子；二是他曾經榮登全世界著名的經濟學講座「馬歇爾講座」；三是他受聘為世銀高級副總裁兼首席經濟學家。林毅夫則認為，中國經濟對世界的影響越大，中國經濟學家獲獎的可能性就越大。他最大的心願就是成為最有影響的經濟學家，為中國培養出可能獲得這個獎項的下一代。

諾貝爾經濟學獎呼聲最高的中國人

　　一度，林毅夫曾被認為很有可能獲得諾貝爾經濟學獎。2004年8月，1993年諾貝爾經濟學獎得主福格爾在杭州的學術會上，點名稱林毅夫是諾貝爾經濟學獎的有力人選。

　　美國經濟學家密爾頓‧弗里德曼說過這麼句話：誰能正確解釋中國的改革和發展，誰就能獲得諾貝爾經濟學獎。在全世界經濟學家中，最有資格正確解釋中國改革和發展的，理所當然是中國經濟學家。這些年來，林毅夫一直在孜孜不倦地探索解決世界上最複雜、最高深的被人稱為經濟學上的「哥德巴赫猜想」──中國經濟問題。

　　早在國務院農村發展研究中心發展研究所工作時，林毅夫就開始深入研究中國經濟問題，並開始構建新的理論來解讀中國的經濟問題。他創辦的北京大學中國經濟研究中心日漸成為經濟學研究的重鎮，張維迎、易綱、宋國青、周其仁、海聞等一大批經濟學家幾乎家喻戶曉。那時候，他們就預計，21世紀是中國經濟學家的世紀。到了21世紀，隨著中國經濟的快速發展和國際地位的提升，中國也將迎來經濟學大師輩出的時代。因此，「海歸」經濟學者雲集的北京大學中國經濟研究中心，有著濃厚的「諾貝爾情結」。

2007年，當林毅夫登上全世界著名的經濟學講座「馬歇爾講座」的講臺上時，就有人認為，林毅夫是最有可能獲得諾貝爾經濟學獎的中國人。因為在「馬歇爾講座」上過去的60位主講人中，有14人後來獲得了諾貝爾經濟學獎。

2008年，當林毅夫受聘為世界銀行高級副總裁兼首席經濟學家時，更是成為中國經濟學界被看好的獲得諾貝爾經濟學獎的最佳人選。因為這個位置上曾有很多諾貝爾經濟學獎獲得者。此外，林毅夫獲得諾貝爾獎還有一個有利條件，就是他是諾貝爾經濟學獎得主美國經濟學家舒爾茨的關門弟子。

在林毅夫看來，平均每年超過8%的 GDP 增速已經把世界的目光吸引到中國，而這種狀態還將持續30年，因此，30年後世界經濟學大師一定會在中國出現。當中國經濟對世界的影響力越強，中國經濟學家獲得諾貝爾獎的可能性就越大，因為只有中國的經濟學家才能講清楚中國的問題。林毅夫說：「我只能成為『有影響的經濟學家』，我們這一代人很難獲得諾貝爾經濟學獎，我的心願就是為中國培養出可能獲得這個獎項的下一代。」

清華大學中國與世界經濟研究中心主任李稻葵也分析道：發展中國家學術基礎是比較薄弱的，剛剛解決溫飽問題，學術在很大程度上講是一個奢侈品。對中國而言，必須緊緊抓住中國經濟運行中最根本的問題，認認真真、踏踏實實地用最規範的方法來進行總結，解釋我們的矛盾，盡量用最嚴謹和實證的辦法進行科學的研究，加以總結，不能短期內追求西方人的時髦。

諾貝爾獎之於中國經濟學家

如果說林毅夫是「諾貝爾經濟學獎」呼聲最高的中國經濟學家，那麼，楊小凱則是離諾貝爾經濟學獎最近的華裔經濟學家。楊小凱分別於2002年、2003年兩度獲得諾貝爾經濟學獎提名。楊小凱一生最突出的貢獻是提出新興古典經濟學與超邊際分析方法和理論，這使他獲得世界級

的成就和同行的崇敬。他的著作《經濟學——新興古典與新古典框架》被匿名審稿人評論為：「這是一項具有原創性和新穎性的研究，激動人心而又令人屏息以視。楊小凱是世上少有的幾個有能力思考這類問題的人之一，也是世界上僅有的幾個有能力解決這類問題的人之一……在整個經濟學面臨劇變的時代，他處於這個劇變的最活躍的部分。」他的英文專著《遞增收益和經濟組織》被權威雜誌書評稱為「蓋世傑作」。美國著名經濟學家傑弗瑞·薩克斯曾評價他說：「楊是世界上最有洞察力和最嚴謹的經濟理論學家之一，也是經濟學家中最有創造力的思考者之一。就經濟發展的現代理論，尤其是發展理論的微觀基礎而言，他是一個主要貢獻者。毫無疑問，他是研究中國社會轉型問題最深刻而又最無畏的分析家之一。」

　　2004年7月7日，楊小凱不幸身患癌症去世。次日，林毅夫寫下了「痛失良師益友」的悼詞，在被稱為經濟學重鎮的朗潤園，追悼英年早逝的「論敵」，他哽咽著說，自己失去了一位真摯的朋友。

　　臺灣的蔣碩傑在1993年曾獲得諾貝爾經濟學獎的提名，是首位獲諾貝爾經濟學獎提名的華人經濟學家。

　　1991年香港經濟學家張五常曾作為唯一一位未獲諾貝爾獎的經濟學者，被邀請參加當年的諾貝爾頒獎典禮。2009年，兩岸曾一度掀起「張五常熱」。張五常解釋說，這大概是因為給他的《佃農理論》寫序的沃林先生曾任諾貝爾經濟學獎委員會的主席所致。沃林在序言中說：「建立新制度的經濟學有很多人參與，其中一個是只有30歲的張五常，如果真要把桂冠給某人，應該是張五常先生。」

　　對中國經濟學家至今尚無一人躋身諾貝爾經濟學獎的狀況，有分析稱，綜觀20世紀90年代以來的諾貝爾經濟學獎得主，一個最重要的趨勢是由凱恩斯主義經濟學轉向自由主義經濟學。但時事評論員張敬偉稱，也許歐美的經濟學流派更為時髦，但是其依託的市場載體只有市場經濟的單極座標。而中國經濟卻存在著從計劃經濟對接市場經濟兩個維度的平臺。而且中國經濟學家的各種理論是在摸著石頭過河的改革開放實踐

中得以檢驗的。一場金融危機，更是驗證了中國式監管的有效性和安全性；而危機後的拯救經濟舉措，更確認了中國經濟模式對全球經濟的典範性。

2002年，當美國喬治‧梅森大學的經濟學和法學教授弗農‧史密斯以「實驗經濟學」摘走當年諾貝爾經濟學獎的桂冠時，林毅夫說：「一個人獲諾貝爾獎，是對他到目前為止研究成績的肯定。每年的獲獎者研究領域都有變化，國內的學者沒有必要跟風。」

持相同觀點的是清華大學著名經濟學家李稻葵，他認為，中國人不應該把諾貝爾經濟學獎太當回事，真正解釋並解決好中國的經濟問題比獲得諾貝爾經濟學獎更重要。對2009年美國經濟學家奧利弗‧伊頓‧威廉姆森作為制度經濟學的命名者獲諾貝爾經濟學獎項，李稻葵解讀說，諾貝爾經濟學獎特別重視社會思潮和輿論聲音，畢竟金融危機爆發以來，人們一直都在反思。這次頒給新制度經濟學領域的學者，也是讓人們重新意識到經濟制度的重要性。制度經濟學研究的是制度對經濟行為和經濟發展的影響，以及經濟發展如何影響制度的演變。近幾十年來，制度經濟學已經成為經濟學研究中最被看好的分支。而在制度經濟學領域，林毅夫在國際上擁有較高的聲譽。他強調制度的內生性，一直主張市場取向的改革，認為只有實行市場經濟，理順市場價格體系，培育國有企業的自生能力，才是國有企業改革獲得成功的關鍵。他於1992年出版的《制度、技術與中國農業發展》及2000年出版的《再論制度、技術與中國農業發展》這兩本書，都是以規範的經濟學方法來研究中國農村、農業和經濟發展中的制度與技術問題的專著。因此，李稻葵的這番言論，無疑又讓力挺林毅夫的人們產生一番遐想。

9

大愛無聲：
「我有一個團圓的夢」

　　一個人，從金門泅渡到大陸，與承載著這個傳統文化的民族和國家一同發展，並隨著這個民族和國家的壯大而登上世界的舞臺，這是他的心願和幸運，更是一個民族和國家的命運和使命。

　　可以說，這樣的使命感讓林毅夫飽含著一股俠客的豪情。

　　事實上，林毅夫也有著俠客的大智大愛，他與妻子的愛情故事被世人傳為佳話。

　　然而，時至今日，那灣淺淺的海峽卻仍然阻隔著林毅夫的回鄉路。親情成了他心中永遠的痛。

　　為什麼熱血男兒林毅夫會「淚灑美利堅」？

　　是誰讓他如此傷心不已？又是什麼事情讓他淚流滿面呢？

　　在這個「臺灣赤子」的心中，有著一顆怎樣火熱的「中國心」？

　　「大中國情結」又讓他心中一直擁有一個怎樣的「團圓夢」？

相濡以沫的「另一半」

　　林毅夫的人生經歷是唯一的、不可複製的，事業如是，愛情亦如是。

　　1979年從臺灣到大陸至今，與故鄉一別就是30多年！而從1979年至1983年，這4年又與妻兒骨肉分離，這是何等讓常人難以忍受的痛苦！

　　讓人欣慰的是，夫妻異國實現了家人團圓夢。1983年，在臺灣的妻子得知丈夫在美國求學後，也留學美國，夫妻兩人相隔4年之後，終於在大洋彼岸團聚。

　　他鄉見親人，夫妻、孩子海外團圓，這又是何等幸福！

　　1987年，夫妻雙雙回到了中國的首都北京。當時，林毅夫作為改革開放後從西方學成歸國的第一位經濟學者，與擁有特殊教育博士學位的妻子一起回到了北京。

　　林毅夫和妻子陳雲英回到大陸後，為中國的建設作出了卓越的貢獻。在每年「兩會」期間，他們都是鋒頭無二的政協委員人大代表夫妻檔，媒體記者爭相圍擁採訪，被譽為「夫妻議政」的典範。

別妻離子謀發展

　　林毅夫擁有一個溫馨而幸福的家庭。林毅夫的妻子陳雲英也出生於台灣，兩人感情非常融洽。

　　陳雲英生於臺北一個商人家庭，其父經營傢俱，雖算不上大戶，但在同行中頗有聲望。陳雲英姐妹兄弟8人，6女2男。她是家中唯一上了大學的女孩。加上她容貌姣好，父母以她為榮，對她也寄予了厚望，且管教甚嚴。其父規定，不到20歲不能談戀愛。她自然要恪守這條規定。那時臺灣完全實行應試教育，通過考試層層淘汰，能考入大學的都是所謂「前1%、2%的精英」。陳雲英的中國文學很好，自幼喜歡中國古典文學，她的聯考成績，排在全臺前500名內，她考上的是全臺灣排名第二的臺灣政治大學中國文學系。

　　上了大學之後，結識的男生多了，有長得帥的，也有家境富有的，其中不乏對她仰慕之人，但陳雲英一概淡然處之。上大三的那年，她的一位遠房哥哥說是要給她介紹對象，約了幾位朋友一起聚餐。當她在約會地點看到遠房哥哥領著的幾位朋友走來時，其中一位男孩特別顯眼。他1.80米左右的個頭，五官端正，顯得十分帥氣，雙目清澈明亮，神態沉穩、自信，面帶笑容的臉龐顯得十分親和，這一切不禁令她怦然心動。她幾乎在一剎那就作了決定：這是我的意中人，我非他不嫁。那位男孩就是當時正在臺灣大學讀農機系的林毅夫。

　　儘管雙方家境的差距很大，但陳雲英從林毅夫的言談中，覺得林毅夫是個關懷民眾、胸襟寬廣的人，內心為之深深吸引。

　　林毅夫何嘗不喜歡這位容貌姣好，舉止端莊大方，性情溫婉的女子？很快，兩顆年輕的心再也不願分離，陳雲英很快與林毅夫結婚，第二年生下了他們的第一個孩子，一家人過著幸福、甜蜜的生活。結婚後，林毅夫考入台灣政治大學經濟學院攻讀企業管理碩士，陳雲英則教書、生兒育女、操持家務。這時，具有遠大志向的林毅夫作出了一個對他們一生有重大影響的決定，他覺得臺灣不是施展抱負的地方，他想到大陸去，為更多的中國人服務，並且把想法告訴了妻子。陳雲英很理解丈夫的鴻鵠之志，她對丈夫說：「你只要決定，就放心地去吧，我會做一個好妻子，好媽媽的。」

　　話是這樣說，陳雲英沒有想到，就在這一家人幸福融融的時刻，林毅夫真的作出了一個驚人的抉擇。

　　陳雲英大學畢業後在一所中學裡教語文。一天，下課回到家裡，林毅夫給陳雲英端來一杯開水，然後坐在她身邊，一本正經地說：「如果我不見了，你可能要像王寶釧一樣，苦守寒窯18年……」陳雲英以為只是一句玩笑話，沒想到，1979年5月16日夜裡，林毅夫真的突然不見了。

　　當時，他們的大兒子已經3歲了，她又身懷六甲。家人都以為林毅夫不在人世了，立了林毅夫的牌位。但是，生性倔強的陳雲英堅決不相信丈夫去世，她經常以淚洗面，堅持「活要見人，死要見屍」。

在林毅夫杳無音信的那些日子，陳雲英每天恍如生活在噩夢之中。「在那些年裡，大部分人並不知情。因為按照『臺灣法律』，失蹤半年就會被宣告死亡。但知道的人裡，大部分對林毅夫是很仇視的，叫『台奸』，認為他是壞人，作為家屬，我背負著沉重的壓力，所以要特別低調。先生為了不讓我擔心，沒有告訴我。軍方的布告是死了，而有人說他去大陸了。那時沒有任何信息透露給我，我生活在起起伏伏的心情中，今天覺得他死了，明天覺得他還活著。」

直到第二年，林毅夫與在東京的表兄李建興取得了聯繫以後，委託他給陳雲英帶了個口信，口信內容很簡單，只有幾個字：「他活著，沒事，讓你嫁人。」

這個簡短的回信讓陳雲英一半是興奮一半是心碎。興奮的是，林毅夫沒有死，的確還在人世，因而，她當即向婆婆大聲宣布：「他還活著！他還活著！」林毅夫在「失蹤」一周年後，「臺灣軍方」已經按規定在1980年辦理了「陸上失蹤屆期宣告意外死亡」，撫卹金已由其父林火樹領取。因而，一般人是不敢帶這樣的口信的。婆婆異常冷靜地說：「他死了！你不覺得是人家在騙你，給你希望才這樣說的嗎？」讓她備感心碎的是，林毅夫竟然要讓她嫁人。陳雲英當然能夠清醒地理解「讓你嫁人」這四個字的含義，這並不是說林毅夫喜新厭舊，始亂終棄，而是說，林毅夫即使還活著，見面的機會也非常渺茫，幾乎是一件遙遙無期的事。

與此同時，在北京大學讀書的林毅夫也十分掛念妻子和孩子。據他的導師董文俊回憶，那段時間，林毅夫的情緒很低落，也不愛說話。當董文俊問起他時，他說，他的第二個孩子快出生了，因為他來大陸時，妻子已經懷孕了。直到有一天，林毅夫見到董文俊時，顯得異常高興，他給董文俊看了一張照片，那是他的妻子陳雲英和兩個孩子的合影，照片背後還寫了幾行字，大意是我理解你，理解你的這種行為。

2008年，林毅夫接受中央電視臺的採訪，當提及妻子陳雲英對自己的支持和作出的犧牲時，深情地回憶說：「我有信心她會支持我，當然

我也知道，對她來講是一件非常不容易的事情，因為她處的環境比我更困難，一方面是外部的環境，一方面丈夫走了，而且在當時的海峽兩岸的氣氛之下，她不僅要承擔外部的這種環境對她的壓力，還有家庭裡面要帶小孩、要工作。所以我內心裡面對她是特別感激的，因為一個女人能夠獨立去面對那麼多外在壓力跟內在的壓力，而且永遠沒有放棄過。當然，我們很幸運地能夠重新團圓。」

這是他們愛情生涯中一個驛站、一個小插曲。沒想到，這一別就是四年！林毅夫說：「我總覺得我這一輩子過得很順利，並沒有太大的困難。有困難的話，其實就是鍛鍊自己意志的時候。」因為從林毅夫作出泅水到大陸的決定的那一剎那，就已經做好了夫妻分離五年、十年甚至二十年的準備。

林毅夫的執著和陳雲英的癡情，讓人肅然起敬。

與妻兒相聚異國

1982年，陳雲英突然得到林毅夫已經從大陸赴美國攻讀博士學位的消息，她幾乎不敢相信自己的耳朵，在欣喜若狂之餘，她決定前往美國與丈夫團聚。巧合的是，當時她已經通過了兩個托福考試，恰好準備赴美國攻讀碩士學位。

1983年，陳雲英輾轉趕到美國，見到了魂牽夢縈的丈夫，他們抱頭痛哭。在美國的4年求學生活中，陳雲英和林毅夫並不在一個城市。林毅夫在芝加哥大學讀經濟，陳雲英則先後在賓夕凡尼亞大學和華盛頓大學讀教育，兩人相距甚遠，很難經常見面。這還不是最重要的，最重要的是他們的一雙兒女，仍然留在臺灣，要半年後才能接來美國。

此時，相聚的喜悅很快就被思念兒女的愁苦所壓倒。

陳雲英上課之餘，常常望著兒女的照片發呆，也常常淚水漣漣，她把所有的思念都融到了家信當中。孩子太小，認字很少，她就剪貼了一些漂亮的卡通畫，經過加工，寫些簡單的漢字和拼音，讓孩子們一看就知道這是媽媽從美國的來信。半年後，一家四口終於在美國團聚了。孩

子們見到久別而陌生的爸爸時，高興極了，他們的爸爸英俊瀟灑，有學問，讓他們感到驕傲。

陳雲英從小受中國文化的薰陶，深知相夫教子為本職之一。於是她一邊讀書，一邊撫育孩子。不過，她只花一年半時間就拿下了美國賓夕凡尼亞州愛丁堡羅大學特殊教育碩士學位。她31歲開始攻讀喬治·華盛頓大學的博士學位。讀博士時，她沒辦法照顧孩子，只好把他們反鎖在家裡，這在美國是不允許的，屬於違法的行為。無奈中，陳雲英只好囑咐孩子：「媽媽不在家時，無論誰叫門都不要開，有人來電話，你們千萬不要說媽媽不在家，就說媽媽在睡覺。」直到現在，她在美國的朋友還說：「我們都覺得很奇怪，你怎麼老在睡覺。」就連陳雲英的導師當時也覺得不可思議，這個勤奮的中國學生怎麼老睡覺？

如今，他們的一雙兒女也已長大成人。大兒子從北京大學國際政治系畢業後，赴美留學獲得碩士學位；女兒承繼父業，從事金融方面的工作。談到孩子們，陳雲英樂得合不攏嘴：兒子去美國留學的時候，穿了北京大學的一件很大的T恤，上面寫著「中國萬歲」，還有很大一面國旗。女兒跟他爸爸的工作更接近些，1.75米的個子，大眼睛像她父親，白白的皮膚像我。林毅夫在選擇回國時，曾提到女兒小學的時候寫的一篇作文，至今都讓他十分感動。女兒在作文中說，她在美國有一個好同學，是一個墨西哥的女孩。臨走時告別，墨西哥的女孩說她很羨慕我的女兒，因為可以回到自己的國家。林毅夫說：「這篇作文一直在打動著我，也讓我相信，我的選擇沒有錯。」

在兒女面前，他們平凡得不能再平凡，普通得不能再普通。林毅夫曾坦言自己和陳雲英其實是一對非常平凡的夫婦。在家裡，他們一樣要買菜、做飯、洗衣服，有時候兒媳婦忙，還要幫孫子換尿布、洗澡。而從談及此話時的神情上，就能讓人感受到他們夫婦之間濃濃的情感，也能夠感受到一個無怨無悔的長輩形象和一個和睦幸福、其樂融融的家庭。家庭裡面很多事情都是耳濡目染，有的時候身教重於言教。兒女們覺得父母身上那些值得敬愛的地方，他們會去學習模仿。這就是一家人

的幸福！

　　四年的分別，並沒有沖淡他們的愛情，反而使得他們的愛情經受住了時間的考驗。陳雲英坦言道，很多身邊的好朋友都非常羨慕他們的家庭，對他們而言，家庭的幸福是第一位的。用陳雲英的話說，就是「我經常說他就是我，我就是他，只不過他是以一個男人的方式存在著，我是以女人的方式存在著，他比我更勇敢一點，我比他更內斂一點。他的思維更宏大一點，但是他想到的其實我也會想到。」

　　幸福的生活也是平凡而樸實的。作為學者的林毅夫夫婦，由於每人都擁有各自的研究領域，所以時間也就顯得分外珍貴。他們都喜歡自然，喜歡在自然中放鬆自己的心情。事實上，俠士的江湖就是自然的天地。有著共同志趣的林毅夫夫婦，在我們面前演繹著一段俠骨柔情的浪漫。

夫唱婦隨報效國家

　　1987年，陳雲英作出了她一生中最重要的選擇，不留在美國工作，也不回故鄉臺灣與父母團聚，而是隨丈夫到大陸發展。6月18日，在通過博士論文答辯後的第8天，她就和林毅夫一起回到北京。

　　回國後，陳雲英進入中央教育科學研究所工作，為了不給單位增加麻煩，她多次向所領導提出「不要求單位分房，不要求格外加工資，不要求破格評職稱，不要求追加工齡」。這樣，陳雲英的工資和職稱很長時間都沒有上去，香港以及國外的朋友們都說她是「終身志願者」。

　　那時，在陳雲英的心裡，最讓她感動的事是在她出席的國際教育界各種研討會，尤其是在聯合國各分支機構的大會上，每個國家的代表座位上都放著國旗，這讓陳雲英真正感受到了「中國」的力量。這種力量有時甚至讓她忘記了自己的渺小。為了社會發展、教育事業的提升、殘疾人群的平等問題，她往往會慷慨陳詞，語驚四座。「每一次的報告、每一次的參與討論，都一再地提升我與國家、民族命運更加緊密的生死與共的關係。我因為愛國而回來，我回來後的經歷，是我的精神和靈魂

與我的先輩的結合，我對國家富強、民族振興的渴望，使得我說的話和我做的每一件事，都不再是『我個人』的願望或成就。」

在陳雲英看來，特殊教育本身是一個很大的教育領域，它不只是殘疾人教育，凡是弱勢人群的教育都是特殊教育，比如貧困的農民工的子弟，在國際上叫做特殊需要兒童，都屬於特殊教育。陳雲英最初的工作，是付出了很多艱辛的努力的。她說：「我開始工作，我慢慢有了一些學術成果，開始發出比較強的聲音，才開始聽見有人反對我，說我是臺灣來的，是美國來的，對中國根本不了解。有很多老一輩人，認為我這種發展觀不對。很多人說，你放著漂亮的、聰明的、健康的孩子不管，要去管傻孩子？咱們國家普通教育基礎還未紮實，搞什麼特殊教育？認為我太理想化。」但陳雲英認為，任何一個國家走現代化的路，特殊教育都是最重要的指標之一。這裡需要的是專業水準最高的教育學、心理學的核心技術。但中國很多地方，對特殊教育還存在歧視，首先從師資上來說，只有師範教育裡被淘汰的學生，才會想去學特殊教育。而對於貧困地區的兒童入學率，陳雲英碰到更多的是「思想上的阻力」。

1988年，在回國後的第二年，陳雲英創辦了中國第一個國家級的特殊教育研究機構「特殊教育研究室」。如今，中國的殘疾兒童入學率已經由1987年的6%增加到了中小城市60%～70%、大城市100%的比例。這個數字中蘊涵著陳雲英十多年的艱苦努力。1989～1994年，她主編的《特殊教育參考叢書》，是中國第一套特殊教育著作，她還創辦了《中國特殊教育》雜誌，此後的陳雲英，被冠以「中國特殊教育第一人」的稱謂。

1994～2000年，陳雲英作為教育部特殊教育項目首席專家和負責人，帶領項目組成員，開始在西部地區做教育扶貧。陳雲英走到了中國最貧瘠的角落中去，她對哪個省有幾個貧困縣都瞭若指掌，甚至貧困縣的鄉名她都如數家珍。每個月她都要下一個縣或一個鄉，每次都會待十幾天。6年時間她走了幾十個縣，按照她的說法，去的都是那些去了一

次就不能再去的地方。她關注的對象，不僅是殘疾兒童，還有孤兒、少數民族地區兒童等群體。

很多年來，陳雲英一直被媒體稱作「偉大的教育家」，但她說：「真正偉大的不是我們，是那些深山溝裡的代課老師，他們才是中華民族教育的靈魂。」每次下鄉，她總是要和鄉村老師們對望著流眼淚，「民辦教師一個月工資30多元還要打白條，我終究要離開，只有他們堅持下去，後來那麼多孩子才有希望。他們是連接那些弱勢的孩子命運的臍帶，沒有知識，就沒有辦法進城，何談獲得更幸福的生活？」她每次下鄉都會在半哭的狀態下離開。

為了幫助這些貧困地區發展教育，陳雲英在1999年申請了中國第一個專門服務於這個人群的完全免費的公益網站——「中國特殊需要線上」，這個網站拿到了聯合國教科文組織「促進基礎教育」的經費。「下鄉那麼多年，人家問我，你的結論是什麼？不可能再讓專家們，用人力戰術跑到鄉下去現身教學。但是我們中國的信息技術已經如此發達，我們可以做一個知識、信息的平臺給這個人群，把對他們有用的、最尖端、最高新的技術，比如醫學、心理學、教育學的方法，還有對他們切實有用的信息，比如提供就業、再教育、福利、社會保障、法律的管道給他們。」令陳雲英欣慰的是，到目前為止，中國專門服務於殘疾人或貧困人群的網站已經超過了1萬個。路漫漫其修遠兮，吾將上下而求索。在陳雲英的執著信念裡，特殊教育從來不是一種付出同情的職業，而是一種收穫崇高的事業。「從事特殊教育本身就是一個精神文明發達的社會才會去推崇的事業，從事特殊教育的人也肯定要具備令人尊敬的這種愛心、耐心，還有無私獻身，淡化個人名利的精神才能去從事這項工作。」

比翼雙飛：「夫妻議政」的典範

林毅夫是第七、八、九、十屆全國政協委員，第十屆全國政協經濟委員會副主任委員，第十一屆全國人大代表。陳雲英是第八、第九屆

政協委員，第十、十一屆全國人大代表。2008年，當這對伉儷攜手亮相「兩會」時，成為「兩會」上的佳談，被人們稱為「夫妻議政」的典範。他們同為人大代表，分別屬北京市代表團和臺灣省代表團。

由於身處研究領域，陳雲英的名字並不廣為人知，但陳雲英說：「林毅夫的名字就是我頭上的光環，他越成功，我的光環越大！我也是他事業皇冠上的寶石呀！」陳雲英曾跟丈夫開玩笑說：「你的經濟學專業是研究怎麼讓人富起來，我的專業是讓富起來的人怎麼把錢花到該花的地方。」

在媒體面前，每當兩人需要共同發言的時候，林毅夫總是讓夫人先講。陳雲英毫不掩飾丈夫對她的關愛。她動情地說：「我們一天中有很多浪漫的事，不是一件兩件。在很忙碌的工業社會裡，尤其是兩個都有專業領域的夫妻，很多人以為我們一周都見不上一面，實際上我們兩人只有在『兩會』時是兩地分居的，但每晚睡覺前都會互發簡訊，道晚安。」「我當選全國人大代表後最高的榮譽是，先生每天第一個起來說：『我來煮咖啡。』此前，都是我一直在為他泡茶。」從兩人講話時的神情上，能夠讓人感受到他們夫婦之間濃濃的情感。

在2009年、2010年的全國「兩會」上，林毅夫由於赴華盛頓就任世銀副總裁而告假，「單刀赴會」的陳雲英依然是媒體的寵兒，面對媒體，陳雲英欣慰地說，林毅夫已經用自己的真誠贏得了世銀同事尊敬。對林毅夫在2009年2月在華盛頓首度提出的一個宏大的全球復甦計畫——「新馬歇爾計劃」，陳雲英這樣評價道：「林老師終於把自己的經濟學功底全部展現出來了，對世界人民也有個交代。」陳雲英在高興之餘也感覺「心裡踏實了」，因為這意味著林毅夫已經找到解決問題的方向。因此，她也有了重新開始學術研究的打算。「我放下研究工作差不多有9個月的時間，我跟林老師宣告，要開始做研究了。」

陳雲英還風趣幽默地告訴媒體說：「在林毅夫在世銀工作期間，我一人身兼六職，妻子、保姆、司機、聽眾、祕書，還有陪著林老師散步的『小狗』。」在華盛頓，陳雲英除了身兼六職，依舊關心自己鍾愛的

教育事業。只是這個教育似乎超出了她的特殊教育專長：「我覺得在今天我們看來，作為一個即將躋身於世界強國之列的中國來說，我們的教育不但肩負著培養中國的人才的重任，我們的教育還肩負著培養國際的人才，會和中國人打交道，會和中國人工作的人才的重任。」那麼，這些人才怎麼培養呢？陳雲英興致勃勃地給媒體舉例說：「比如說世界銀行有一個組織，就是最近正在招各國傑出優秀的青少年在今年的夏天來我們國家訪問，我覺得類似這樣的工作就非常有意義，因為我所接觸的各國的人群也很在乎他們子女的培養，而且他們看到中國發展得這麼好，他們都很希望自己的孩子在未來進入社會之後能夠參與到跟中國的合作，或者到跨國公司裡面尋找不斷跟中國打交道的人。」

關於兩岸教育交流，陳雲英也有一個特殊的想法：「隨著兩岸的這種交流，2008年我曾提出了一個關於教育『第四通』（兩岸『三通』是指臺灣和大陸之間雙向的直接通郵、通商與通航，陳雲英把教育稱為『第四通』）的未來願景，就是希望能夠培養跨海峽兩岸的人才，那麼我們的人才兩邊都可以用，在臺灣讀書可以來大陸就業，也可以在大陸讀完書去臺灣就業，當然這裡面還有一些事務性的要商談，努力的結果還是令人可喜的，因為所有的事情都不可能一步到位，所以只要取得一定的進展都應該表示慶祝，希望越做越好。」

在2010年全國「兩會」上，在媒體面前，陳雲英表達了回家的渴望和有家難回的無奈。「想回到我愛過的地方，重拾我的真情。我希望在我們有生之年，在兩岸同胞的共同努力下，實現我們這個願望。」陳雲英甚至還勾勒了一條回家路線圖：「我的這個路線圖是從北京出發，然後去漳州，因為林毅夫祖籍是漳州，然後從漳州去泉州，那是我的老家，然後從泉州去廈門，因為那是毅夫回到大陸來的地方，然後從廈門去金門，因為這是毅夫從臺灣出發的地方，然後希望從金門去宜蘭，因為那是毅夫的家鄉，然後從宜蘭去臺北，從臺北再返回北京。所以這個路線圖我再重複一下，因為這體現了我家兩代人回家道路的曲折。」為什麼要從宜蘭到臺北呢？因為他們的女兒是在宜蘭市出生，兒子則是在

臺北市出生的。

恩愛「祕訣」：一顆中國心

在外人的眼裡，生活中的林毅夫與陳雲英是一對模範夫妻。他們有什麼恩愛「祕訣」嗎？

2008年的「三八」婦女節上，陳雲英高興地面對媒體自曝恩愛「祕訣」。陳雲英說：「有很多在北京的朋友會問我，你怎麼跟他相處啊？這個祕訣其實也很簡單，就是，我們兩個有共同的文化，我們有共同的追求，我們都有一顆中國心。我們就是一個人，只是他用男人的方式存在，我用女人的方式存在，只是他更勇敢，我更內斂。他的思維更宏大一點，但是他想到的其實我也會想到的。」夫妻二人可謂心心相印。陳雲英接著說：我感覺林毅夫的成功給我帶來了頭頂上的光環，他事業的成就使我走到哪裡都無法掩飾我是林毅夫的妻子。隨著我的事業的成功，他走到哪裡別人也會說他是陳雲英的丈夫，特別是我的朋友。實際上，只有一個幸福的家庭才能把「心」留住。

林毅夫說：「像現在這樣的早春時節，我們一起到郊外去，看地上的小草一棵一棵冒出來，樹上的柳葉慢慢變綠，看一些不怕冷的花爭先恐後地怒放，這是我們最大的心願。」「我愛臺灣，我愛中國。這樣的想法，可能會跟著我的生命走到盡頭。我最美好的願望就是，當我先生回家的時候，我能夠長壽陪著他。但我知道這條路是相當的漫長。」陳雲英如是說。

陳雲英坦言夫婦倆都喜歡歷史，讀的歷史書籍裡，有太多古聖先賢為了這個國家這個民族拋頭顱灑熱血的故事。或許是受古聖先賢的影響，或許是因為流淌在血液裡的知識份子情懷。記得早在1975年，林毅夫在大學追求陳雲英的時候，送的定情禮物就是一本名為《錦繡山河》的漂亮的畫冊，內有中國的名山大川和長江黃河。當時，陳雲英看著裡面的長江黃河，那種強烈的愛國感情難以言表，可以說，這種感情代表了一代人追求的歷史人文和家國情懷。

　　從小在臺灣長大的陳雲英，第一次來大陸就選擇了到西部地區扶貧。當她站在西部戈壁看到被風化成一個小土包的古烽火臺時，陳雲英的震撼難以言表：「一下子幾千年的歷史從腦海裡閃過，我整個人都迷失掉。因為在我靈魂深處，這是我的土地，這是我的國家。」「當時我突然就覺得，我願意為這塊土地獻身，我要為這個民族的昌盛做一點事情，這是所有的中國知識分子幾千年都沒有忘懷的一種情懷——以天下為己任。」陳雲英曾說，她要送給女孩子們一句話：「為愛付出，但不能把自己丟掉。」如此直白的告誡意在提醒天下女性當獨立自強，而自強不息的精神在陳雲英身上表現得淋漓盡致，她對事業的執著與投入絕不遜色於對家庭的付出。

　　——也許這就是夫妻恩愛的最大祕訣吧！

淺淺海峽隔斷赤子回鄉路

　　當年，林毅夫的「一跳」，跳過了海峽。跨越了海峽，林毅夫從一個「台軍上尉」蟬蛻成一個經濟學人。

　　要知道，這一跳所付出的代價也是沉重的：當年他冒險泅水到大陸，曾被冠以「叛逃」的「罪名」，而且，至今他仍然難以圓返鄉之夢。

　　30餘年來，他為中國經濟的發展出謀劃策，然而那道淺淺的海峽也隔斷了林毅夫長達30餘年的回鄉之路。

　　雖然在大陸發展得順風順水，但當年泅渡海峽的經歷卻為其帶來難以言說的痛。

親情是心中永遠的痛

　　1979年5月16日傍晚，當林毅夫縱身躍入冰冷的臺灣海峽中，從那一刻起，他徹底改變了自己的命運航道，他游過兩千多米的臺灣海峽，抵達對岸的廈門。從此，一灣淺淺的臺灣海峽隔斷了他的回鄉路。在大陸，儘管林毅夫的事業發展得順風順水，但面對父母、面對家人、面對

妻子、兒女，親情卻成了林毅夫心中永遠的痛。他知道，家人非常理解自己「希望完成中國經濟改革的夢想」，從當年自己歷時4年的求學直至功成名就，家人一直是其不斷前行的助力。在芝加哥大學求學期間，身在臺灣的家人十分掛念林毅夫，當所需的學費和生活費不足時，臺灣的家人曾給他匯款資助。不僅如此，即使在林毅夫已功成名就以後，哥哥林旺松還出資在北京大學設立中國經濟研究獎，幫助中國經濟研究中心從2000年開始每年舉辦全國「經濟學優秀大學生夏令營」活動，以促進中國經濟學優秀大學生之間的交流，加強青年學生與經濟學家的聯繫，並從中選拔學生，讓他們繼續深造……

面對家人，林毅夫覺得虧欠太多。

1996年，林毅夫的母親不幸亡故，而自己卻從未在病榻前盡過孝道。初聞噩耗，林毅夫失聲痛哭，淚流滿面。林毅夫想回家奔喪，但因種種現實因素而未能成行，此事成了林毅夫終生的遺憾。

而且，每一次北京大學中國經濟研究中心到臺灣進行學術訪問交流，他都不能參加。

2002年5月，林毅夫的父親在臺灣過世，定於6月4日火化，但由於特殊歷史原因，身為人子的他依然不能親往奔喪。這一年，林毅夫應邀出席在美國三藩市舉辦的一項國際經濟學術研討會。2002年5月31日晚，林毅夫接受鳳凰衛視記者專訪，面對記者的鏡頭，林毅夫潸然淚下。看過這期節目的觀眾，無不被林毅夫面頰上的淚水打動。

2009年11月7日，當在世銀就任一年的林毅夫接受楊瀾的專訪時，楊瀾的一個問題讓鏡頭前對經濟問題侃侃而談的林毅夫兩度哽咽。楊瀾的這個問題是：您覺得您的父親看到您今天的成就的話他會怎麼說？

林毅夫在接受臺灣電視臺採訪時說：「我以為可以低調回去，沒想到這個問題會引起這麼多的爭論。我是臺灣人，也是中國人，為什麼非要把臺灣和大陸割裂開來，說這是臺灣的天，那是大陸的天……為什麼就不能攜起手來，共同創造一個中華民族更大的天？」

2006年8月，在與兩岸大學生座談時，林毅夫的連續發問，讓人不

第九章　大愛無聲：「我有一個圓圓的夢」

勝欷歔。

但是，他說自己並不後悔當年的選擇，對此，他「問心無愧，從不後悔」。

至於不能奔父喪的愧疚，將來如有機會返台，想要做的事就是為雙親掃墓。

不過，林毅夫說自己並不後悔當年的選擇。談起忠孝，他說：人生哪有完美？不能什麼都要。魚和熊掌，只能有所取捨。我個人當然有很多遺憾。但是，他認為：「我的追求也一直是我們家庭的追求，我們考慮得失一向不以兒女私情為出發點。」「所以我相信，我父母是能諒解我的。小時候，他們就用類似的故事激勵我。他們應該不會要求兒女繞膝，日日噓寒問暖，他們會因我對社會的貢獻而感到幸福的。」

說起林毅夫內心的苦楚，最理解的莫過於他的妻子陳雲英。「他的心願其實很簡單，我們都是中華民族的子孫，承繼著傳統的倫理，就是父母在世必須能夠奉養，父母離世必須能夠送終。林老師可以說是兩個不孝都做了，他對父母是生不能養、死不能葬。你們不知道他有多痛苦。」當林毅夫得知不能回台為父奔喪時，他連續多天徹夜痛哭。「我每天睡到一半醒來，就會看到一個男人抱著枕頭嗚嗚地大哭。你沒有辦法想像，他那麼剛強、穩重的人會那樣地痛哭，他的哭聲讓我也徹夜難眠。到今天，他的哭聲還存留在我的腦海裡。」

陳雲英說：「這其實就是很普通的老百姓的一個願望，我們希望作為普通的人、平凡的人能夠對我們的家族在這件事情上有一個交代。」

因為林毅夫不能回家，宜蘭老家的親人重修了祖墳，林毅夫也專門匯款回去，現在已經完成了。「重修祖墳這件事，飽含了林老師在臺灣的親人對他持久的期望——修好了祖墳等著他回去。」陳雲英深切地說。

鄉愁是一方矮矮的墳墓

父母是生我養我的人，作為人子的林毅夫，卻無法在父母亡靈前拜祭，這是何等的撕心裂肺之痛！對此，林毅夫不無遺憾地說：「我不希

望在父親過世的時候，再次引起太多爭議……我最希望能讓我很低調地回去看我父親一眼，在他火化之前再看他一眼……臺灣畢竟是我魂繫夢牽的地方。」

林火樹的靈柩一直停放在宜蘭縣員山鄉福園，20多天都未入殮，家人想讓林毅夫見父親最後一面。

林毅夫的大哥林旺松表示，父親生前經常提到想再看看弟弟一家人，希望臺灣方面能以人道考量，盡速讓他回台，以盡其孝思。

2002年5月30日，臺灣政府同意「基於人道精神考慮」，同意林毅夫返台奔喪的申請，但是不代表「政府」對林毅夫的「叛逃行為」的評價有所改變。由於整個局勢未能明朗與好轉，林毅夫和他的家人都改變了初衷，林毅夫最終放棄了返台奔喪的念頭，由妻子陳雲英代為奔喪。

6月2日下午，陳雲英懷揣林毅夫的親筆悼父文，搭乘班機飛抵臺北，當晚歇腳於娘家。次日清晨，在林毅夫大哥林旺松的陪同下，陳雲英前往宜蘭縣員山鄉福園的靈堂祭拜。

6月4日清晨4點多舉行移靈儀式，陳雲英披麻戴孝，背上還披覆著林毅夫的麻衣，在林火樹靈前難抑悲痛，放聲大哭。她陳述說，林毅夫不能返台，兩個孩子也無法回來，只好由她一人獨來送公公最後一程，希望老人家能安心地走。

上午10點半，家祭開始，哀樂四起。林毅夫兄長林旺松帶領家族長跪在林火樹的靈前，進行祭拜儀式。林火樹的告別儀式現場，掛滿了總統陳水扁、副總統呂秀蓮及行政院長游錫堃和立法院長王金平等政要致贈的輓聯，來自港澳地區知名的商界或學界人士敬獻的花籃、花圈擺滿了整個靈堂的周圍。這也顯示了林毅夫在兩岸的地位和影響力。

祭拜儀式結束後，面對媒體，陳雲英哀傷地說，回來的路很艱難，她這一代，40歲以上的人所懷抱的情感，不是今天這個時代所能理解的。她進了小學，才開始學普通話，念大學一年級時，為了保衛釣魚島，女學生們寫請願書，願上成功嶺，願意當兵。這些歷程，這些心情，都不是現在的人可以體會的。

陳雲英說，麻衣讓她感到很沉重，她的心也因為丈夫不能回台奔喪感到痛苦。她還說，她和臺灣的感情是割不斷的，她是臺灣人，也是福建泉州人，她愛臺灣，也愛大陸。

隨後，她又到龍潭公墓上香祭拜婆婆。

同日上午，在北京大學中國經濟研究中心，林毅夫和女兒林曦親手布置靈堂，隔海祭奠亡靈，透過網路視訊現場連線直播方式參與父親告別儀式。靈堂正中懸掛著其父林火樹的照片，兩旁是林毅夫撰寫的輓聯：

> 煙雨淒迷，恨彼蒼無理，插翅不能扶靈，空向南天仰精舍；
> 恩波浩蕩，悲子職有虧，泣血難以釋臆，但從夢境覺音容。

靈堂右前方還設置了網路投影螢幕，同步播放遠在臺灣家鄉的靈堂舉行亡父告別儀式的實況。

林家喪事牽動海峽兩岸各方。全國台聯、在京臺胞、北京大學師生紛紛前往北京大學靈堂弔唁；臺灣政界、商界、學界等知名人士也送來花圈和花籃。當時，臺灣幾家電視臺現場報導了林毅夫隔海祭父的實況。

當林毅夫透過互聯網看到親人和父親的靈位時，淚流不止。

當他聽到宜蘭告別式上法師說「宜蘭下雨可能是因為兒子沒有回來」時，跟蹌地跪倒在父親的靈位前，失聲痛哭。

告別式結束後，他仍向父親靈位跪叩不起，最後在女兒林曦和學生的攙扶下才緩緩離去。

鄉愁，在林毅夫心中，成了一方矮矮的墳墓！

兩岸互動的「引線人」

1963年8月23日，美國黑人民權運動領袖馬丁・路德・金在華盛頓林肯紀念堂發表的著名演講《我有一個夢想》，宣導黑人民族平等。林毅夫心中也有一個夢想，那就是實現兩岸統一的夢想。早在30年前林毅夫孤身一人游過臺灣海峽來到大陸，追求經邦濟世的人生理想，這個夢

想就已存在於心，直到今天，這個夢想依然是縈繞於他心中的一個需要為之奮鬥的夢想。

林毅夫常利用自己的政協委員和人大代表身分提出有關臺灣經濟、社會發展的見解和建議，對兩岸有關人士之間有關經貿往來的交往，他也在其中積極進行穿針引線。同時，也常在報刊上發表有關言論。有臺灣媒體稱他為「巧扮兩岸互動的『引線人』」。

2000年「兩會」上，林毅夫在發言中建議道，為了鼓勵台商投資，應該給予台商「公民待遇」，同時在世貿組織協助下允許對外商開放的行業，優先開放給台商經營。

林毅夫在發言中說，雖然台資企業目前是中國大陸僅次於香港的第二大境外投資來源，但台商在大陸的投資經營仍然有許多限制，如零售、醫療、學校、進出口貿易、商務代理、工程公司等領域，台商仍不得進入。為了鼓勵台商投資，建議給予台商「公民待遇」，凡中國大陸公民可以合法投資的行業，台商都可以經營；凡中國大陸公民可以合法經營的企業，台商都可以經營。此外，為了鼓勵台商投資，在中國加入世貿組織之後，包括銀行、保險、電信、法律、會計等服務業，應優先開放給台商經營。

除此之外，林毅夫還指出，各地方政府一定要認真貫徹落實中央既定的保護臺灣同胞投資的政策，尤其是要努力為台商投資經營創造良好的法治環境，增加政府稅費徵收和規章制度的透明度，防止亂收費、亂罰款和亂攤派的「三亂」現象。地方政府要主動加強與台商的溝通和聯繫，及時掌握他們生活中的實際困難，認真聽取意見，將依法管理和主動排憂解難結合起來。

2001年5月，時任臺灣國民黨副主席的蕭萬長率領「兩岸共同市場基金會參觀團」訪問大陸時，曾前往北京大學中國經濟研究中心與林毅夫等教授座談。座談中，蕭萬長表示，兩岸共同市場是一個有目標、有步驟、有制度的經濟合作機制，兩岸應該把握機會，一起創造歷史。林毅夫則表示，兩岸同是中國人，水乳交融、互相依賴、互助優惠絕對是

唯一的出路。

2001年9月，部分臺灣民進黨「立委」分批前往北京、上海參觀訪問，進行兩岸經貿政策大交流。此次活動，正是在林毅夫的幫助下，這些民進黨「立委」才得以分批組團前往大陸。

從2005年起，當兩岸在積極尋求經濟方面的合作，進行兩岸經濟合作架構協議（Economic Cooperation Framework Agreement，簡稱ECFA）協商時，林毅夫發表言論表示支持。針對兩岸經濟合作將會帶來的好處，他指出，台灣的好處是觀光旅遊人數增加，農產品可以銷往大陸，大陸的好處則是獲得電子業、電腦業的投資。至於開放市場後，臺灣具有優勢的銀行、保險產業是否會威脅大陸從業者，進而上海的金融自主性的問題，林毅夫認為，產業競爭合作本來就難免，但臺灣跟大陸處於不同發展階段，合作對兩岸都有好處。

2008年，林毅夫首度將個人著作《解讀中國經濟》在臺灣出版。他在書中的序言中寫道：「離開家鄉至今整整30年，這些年來讀書、研究探索的僅有一個主題——如何富國富民，藉著這本書出版之際，也謹以此一點心得和鄉親共用，希望臺灣的經濟發展愈來愈好。」

同年，馬英九當選總統後，因林毅夫與馬英九是臺灣大學校友，他對馬英九的當選表示了祝賀。他說，馬英九對臺灣未來發展有清晰藍圖，他希望兩岸可以盡快三通，進一步發展關係。

林毅夫在他1999年出版的《中國的奇蹟：發展戰略與經濟改革》（增訂版）一書中，毫無掩飾地抒發了在他內心世界翻騰了20餘年的鄉愁。

附　錄

林毅夫的世銀使命

（文貫中，美國三一學院經濟系教授）

如何在制度真空中尋找出經濟增長的第一推動力，是世銀一直未能如願的事。

中國經驗能否為其他發展中國家打開一扇眺望繁榮遠景的視窗呢？相信這既是世銀對林毅夫的期望，也是發展中國家對中國的期望。

我在芝加哥大學的老同學，也是多年的老朋友林毅夫，2008年5月底將走馬上任，成為世界銀行高級副總裁兼首席經濟學家。世銀成立以來多次任命過來自發展中國家，包括來自中國的常任或高級副總裁，但是，林毅夫是第一位來自中國，也是第一位來自發展中國家的首席經濟學家。

可以預見，他對世銀的政策走向一定會產生深遠的影響。

林毅夫求學於信奉市場經濟、諾獎得主雲集的芝加哥大學經濟系，師從諾獎得主舒爾茨教授和著名農業經濟學家詹森教授。

芝大經濟系以課程嚴格繁多，試題靈活多變，學生防不勝防聞名。博士的資格考試涉及宏觀、微觀和計量，並採用淘汰制，每次淘汰三分之一考生。考試失利的學生有兩次重考的機會，若不過，則徹底取消博士生資格。不少功力深厚的美國學生，甚至日後獲得諾獎的著名教授，當年在芝大經濟系都曾留下屢戰屢敗的紀錄。

然而，早我一年多來到芝大求學的林毅夫，總是給人遊刃有餘、舉

重若輕的感覺。學習之餘，他電影照看，舞照跳，對校園生活十分融入。

他不但很快通過資格考試，而且以短短4年的時間和優異的成績迅速獲得芝大經濟系學生平均需7～8年才能獲得的博士學位，成為當年芝大校園內華人同學的驕傲和楷模。

林毅夫回國之後，利用北京大學中國經濟研究中心的平臺，憑著他的真知灼見，致力於中國經濟的研究。

他施展他的親和力和外交天才，不但與國內的經濟學家和政府官員有日常的互動，而且與世界各國的經濟學家乃至政要都有密切的往來。難怪世銀總裁佐利克正式宣布任命他的消息，立即引起各界的廣泛注意。

改革開放以來，中國本土產生出許多有真知灼見的經濟學家，但很少有像他那樣具有深厚的國際學術背景且掌握流利的英文的人。其他發展中國家也有一大批受過良好訓練、精明強幹的經濟學家，但很少人有機會像林毅夫那樣，生逢其時地親身參與一場窮國通過自身變革而迅速崛起的壯麗的歷史大劇。

既有中國經驗，又有國際眼光的林毅夫在這個時候被從中國舞臺召喚到世界舞臺，自然牽動世人的視線。

在欽佩佐利克用人的眼力的同時，我也深深意識到林毅夫肩負的責任之重大。

世銀建立後的表現和世銀的建立初衷與人們的期望之間有極大的距離。為了在二戰後徹底廢除殖民主義，建立基於民族獨立、和平、繁榮的國際政治經濟新秩序，中、美、英、法、蘇五大國鑒於以往的慘痛教訓，決定成立聯合國、關貿總協定（GATT）、國際貨幣基金組織（IMF）和世界銀行這四大國際機構。

世銀的主要任務是幫助發展中國家克服窮困。可是，儘管100多年來美國本身的經濟在現代經濟學的指導下一直領先世界，可是在如何幫助解決發展中國家特別是非洲國家的貧困問題方面，美國領導下的世銀

似乎陷於捉襟見肘的困境。

然而地平線上並非一片漆黑，中國作為世銀的主要受援國，30年來持續發出引人注目的亮點。

自1978年以來，中國循著市場化導向的改革開放道路，不但急劇減少了生活在絕對貧困線以下的人口的數量，而且由一個外匯極端緊缺的國家變為一個握有高達1.5萬億美元的外匯儲備的出口大國。

中國經驗能否為其他發展中國家打開一扇眺望繁榮遠景的視窗呢？相信這既是世銀對林毅夫的期望，也是發展中國家對中國的期望。

世銀多年來支持「華盛頓共識」所包含的十項政策，被認為是所有發展中國家克服貧困、發展經濟的不二法門。華盛頓共識強調：

第一，財政紀律，避免超高預算和通貨膨脹；

第二，公共支出應優先配置到經濟收益較高且潛在地有助於改善收入分配的領域，特別是基礎項目建設、基本的公共衛生條件改善和基礎教育條件的改善等；

第三，稅制改革，擴大稅基和降低邊際稅率，增強激勵；

第四，金融自由化，最終目標是利率由市場來決定；

第五，競爭性匯率；

第六，貿易自由化；

第七，外國直接投資輸入的自由化；

第八，私有化；

第九，放鬆管制；

第十，政府不能迴避完善法律，保護產權的公共責任。

對照華盛頓共識和中國經驗，可以看出，中國比較認真地推行了其中的第一、三、六和七點，部分推行了第二、八、九和十點，對第四點和第五點則有很多的顧慮。

例如，對上述第八點，雖然中國政府推進了大量中小國有企業和鄉鎮企業的私有化改革，但對大型國有企業和農地的產權改革一直未開綠燈。

附錄

對第四點，中國遲遲沒有執行，近來基於貿易摩擦和通膨壓力，中國被迫加快匯率的調整，但仍未明確承諾人民幣何時實現自由兌換，何時資本帳戶實現完全開放。

對第五點，中國政府同意，利率最終應該由資本市場決定，但至今沒有放棄對利率的人為控制和對信貸的行政配置。

可以說，一方面，中國經驗並沒有否定華盛頓共識的基本立場；另一方面，中國經驗表明，對不同的國家來說，華盛頓共識的十點應該有輕重緩急的先後次序，不應不分主次地同時推進。

當然，中國經濟發展的成功，有它自身的天賦條件，並不是所有發展中國家都可以照搬。

同時，30年來中國經濟發展也存在自身的失誤、滯後和弊病，特別是沿海的繁榮和內地農村的滯後之間的巨大反差、環境污染和生態破壞、貧富差距的日益擴大，已經引起世人的批評和國人的擔憂。

不少有真知灼見的經濟學家正在呼籲突破制度瓶頸，減少政府與民爭利的行為，使經濟發展不但能做到高速，而且能夠更多地尊重民間的意願，保持在生態和環境上的可持續發展，並為更多的民眾分享。

反觀大部分發展中國家，與中國政府的積極主導、全面介入恰成對比，政府往往全面不作為，民間的主動性又太低，經濟增長的速度和動力長期以來不是苦於太快太高，而是太慢太低。

由此看來，華盛頓共識不在其提出的各項命題本身是否正確，因為它們都是基於發達國家幾百年來的實踐核對總和經濟理論的反覆考證。對華盛頓共識的疑問，在於其執行過程中的先後次序和輕重緩急，並沒有被交代得十分清楚，需要執行者按國情的不同而遵循不同的次序和速度。

在發達國家的經濟學家看來應該作為經濟發展前提的很多制度環境，在許多發展中國家或者根本不存在，或者存在很大的扭曲。如何在制度真空或制度扭曲中尋找出經濟增長的第一推動力，是世銀一直在尋找而未能如願的事。

在這個意義上，發展貧困國家的經濟，不但是一門科學，更是一門藝術，關鍵在於找出推動增長的切入點，並對各種政策所需的火候和功能有恰到好處的掌握。

林毅夫秉承現代經濟學的基本主張，一貫主張大力推進市場化和自由貿易，呼籲尊重由比較優勢所決定的經濟各部門的先後發展次序，反對跳躍發展階段去人為地扶植所謂的幼生工業。

同時，他對華盛頓共識中的一些更為激進的自由化和私有化的政策，以及對政府和國有企業的作用，多年來堅持自己的獨到見解，也因此在同行中常常引起爭議。

林毅夫從1987年回國至今，在中國這塊土地上已有整整20年的生活、研究和參與政策制定的豐富經驗。

今後，如何把中國經驗有選擇地推廣到國情往往十分不同的其他發展中國家去，特別是非洲國家，是林毅夫面臨的巨大挑戰。

相信林毅夫和世銀的合作一定會使世銀在幫助發展中國家克服貧困、共享世界繁榮、實現其千禧年目標的漫長道路上，大大跨進一步。

個人小傳

個人簡歷：

林毅夫，男，生於1952年10月15日，籍貫：臺灣，宜蘭。

教育背景：

臺灣大學農業工程系肄業，1971；

陸軍軍官學校第44期畢業，1975；

臺灣政治大學企業管理研究所碩士，1978；

北京大學經濟系政治經濟學專業碩士，1982；

美國芝加哥大學經濟系博士，1986；

美國耶魯大學經濟發展中心博士後，1987。

主要研究領域：發展經濟學、農業經濟學、制度經濟學

工作單位：世界銀行

工作簡歷：

1987～1990年，任國務院農村發展研究中心發展研究所副所長；

1990～1993年，任國務院發展研究中心農村部副部長；

1994年至2008年5月31日，任北京大學中國經濟研究中心主任；

2008年5月31日至2012年9月，任世界銀行高級副總裁兼首席經濟學家。

國內外兼職：

北京大學國家發展研究院教授，2008～

廈門大學兼職教授，2001～

復旦大學兼職教授，2000～

浙江大學兼職教授，1999～

香港科技大學經濟系教授，1995～

美國加州大學經濟系客座副教授，1990～1993

美國杜克大學經濟系客座教授，1994

澳大利亞國立大學亞洲太平洋學院兼職教授，1990～1996

中國人權發展基金會專家委員會主任，2001～

世界貿易組織研究會學術顧問，2001～

中國糧食經濟學會第四屆理事會常務理事，2001～

北京市人民政府專家顧問委員會，2001～

國家發展計畫委員會「十五」規劃審議會常務理事會成員，2000～

亞洲開發銀行長期戰略框架高級顧問組成員，2000～

中國科學技術部第二屆國家軟科學研究工作指導委員會委員，1999～

中國發展研究基金會常務理事，2000～

天津經濟技術開發區高新技術指導委員會委員，1999～

中國農業部第三屆軟科學委員會委員，1999～

中國農經學會常委理事，副祕書長，1992～

世界銀行顧問，1987～1990，1993～

聯合國糧農組織高級顧問組成員，1995～

國際農業科研組織技術顧問組成員，1996～

聯合國糧農組織亞洲太平洋農業政策網路領導小組成員，1993～

太平洋貿易和發展會議常設領導小組成員，1993～

國際經濟發展研究中心經濟和環境項目領導小組成員，1994～1996

中國糧食經濟學會常委理事，1994～

東亞經濟學會理事（國外），1995～

國際經濟學會第11屆世界大會（突尼斯）籌備組成員，1995

國際經濟學會東亞經濟發展東京圓桌會議籌備組成員，1996

東、新、澳17國中央銀行培訓班課程主任，1996

香港研究撥款委員會專家，1995～

農業經濟（英文，國際農業經濟學會會刊）副主編，1995～

以下海外英文學術雜誌編委：

《亞洲個案研究》（新加坡）

《漢城經濟學雜誌》（韓國）

《太平洋經濟評論》（美國）

《中國經濟評論》（美國）

《亞洲太平洋經濟文獻》（澳大利亞）

《香港企業管理雜誌》（中國香港）

以下中文學術雜誌編委：

《經濟研究》

《經濟社會體制比較》

《中國農村經濟》

《中國社會科學季刊》

個人榮譽：

1992年發表於《美國經濟評論》的《中國的農村改革及農業增長》一文被美國科學資訊研究所評為1980～1998年內發表於國際經濟學界刊物上被同行引用次數最高的論文之一，獲頒經典引文獎。

《再論制度、技術與中國農業發展》獲北京大學第七屆科研著作獎一等獎，2000。

《技術變遷與收入在農戶間的分配：理論和來自中國的證據》獲《澳大利亞農業與資源經濟學雜誌》1999年度最佳論文獎。1999年6月第43卷第2期。

人事部中青年有突出貢獻專家1999年。

教育部人文社會科學跨世紀優秀人才1998～1999。

國際小麥和玉米研究所（綠色革命發源地）1998年度傑出經濟學家講座。澳大利亞農業和資源經濟學會1997年約翰・克勞夫爵士獎（每兩年從各國農業經濟學家中選出一位給獎）。

《充分信息與國有企業改革》獲1998年北京市第五屆哲學、社會科學著作二等獎。

《中國的奇蹟》獲1996年北京市第四屆哲學、社會科學著作一等獎。

《中國農業科研優先序》獲1996年北京大學第五屆科研著作一等獎。

美國國際糧食和農業政策研究中心1993年政策論文獎（每年一位）。

《制度、技術和中國農業發展》獲1993年孫冶方經濟科學獎（中國經濟學最高獎）。

1993年起享受國務院政府特殊津貼。

個人小傳被收入《世界名人錄》、《世界科學和工程名人錄》、《國際名人傳記辭典》、《國際年度名人》等。

主要著作：

《制度、技術和中國農業發展》，上海人民出版社，上海三聯書店，1993。

《中國的奇蹟：發展戰略與經濟改革》，中文簡體字版，上海人民出版社，1994；中文繁體字版，香港中文大學出版社，1995；英文版，香港中文大學出版社，1996；日文版，東京日本評論社，1996；韓文版，漢城白山書社，1996年；法文版，巴黎Economica 出版社，1998；越文版，胡志明市，西貢時報出版社，1998。

《中國農業科研優先序》，中國農業出版社，1996。

《充分信息與國有企業改革》，中文簡體字版，上海人民出版社，

個人小傳

1997；中文繁體字版，香港中文大學出版社，1997；英文版，香港中文大學出版社，1998；日文版，東京日本評論社，1998；俄文版，俄羅斯科學院遠東研究所印，2000。

《中國的奇蹟：發展戰略與經濟改革》（增訂版），上海人民出版社，上海三聯書店，1999。

《再論制度、技術與中國農業發展》，北京大學出版社，1999。

主要中文論文：

《現代農業制度的內涵與國有企業改革方向》（載於《經濟研究》1997年第3期）

《我國企業的危機及其根本出路》（載於《經濟研究》1995年第6期）

《當前我國農村的主要問題和對策》（載於《黨校科研信息》1995年第9期，與李周合作）

《企業改革的核心是創造公平的競爭環境》（載於《改革觀察》1995年3月）

《我國糧食單產潛力和科研優先序研究》（載於《中國農村觀察》1995年3月）

《我國糧食作物單產潛力與增產前景》（載於《人民日報》1995年3月10日）

《戰略選擇是改革發展成功的關鍵》（載於《經濟科學》1994年第3期，同時載於《新華文摘》1994年第9期）

《本土化、規範化、國際化》（載於《經濟研究》1995年第10期）

《九十年代中國農村改革的主要問題及展望》（載於《管理世界》1993年第3期）

《論中國經濟改革的漸進式道路》（載於《經濟研究》1993年第9期）

《股票直接融資與銀行間接融資的比較和選擇》（載於《金融研

究》1993年第5期）

《改革金融政策與體制使我國經濟走入良好性循環》（載於《改革》1993年第3期）

《當前經濟改革與發展中的主要問題及其對策——以發育市場、完成戰略轉軌為中心深化經濟改革的思路》（載於《瞭望週刊》（海外版）1993年第10期）

《發育市場——九十年代農村改革的主線》（載於《農業經濟問題》1992年第9期）

《中國的農業機械化運動》（載於《農業經濟》（臺灣）1991年春）

《我國農業技術變遷的一般經驗和政策含義》（載於《經濟社會體制比較》1990年第2期）

《發展的癥結與改革的思路》（載於《中國：改革與發展》1989年第7期）

《經濟改革順序的思考及突破口的選擇》（載於《經濟社會體制比較》1989年第3期）

《我國經濟改革與發展戰略抉擇》（載於《經濟研究》1989年第3期）

《論我國通貨膨脹及其治理》（載於《發展研究通訊》1989年第2期）

《論糧食的優質化政策》（載於《經濟研究》1988年第6期）

《關於外向型發展戰略》（載於《經濟社會體制比較》1988年第4期）

《小農戶與經濟理性》（載於《農業經濟與社會》1988年第3期）

《關於制度與制度變遷》（載於《中國：改革與發展》1988年第4期）

《貿易政策與經濟發展：論我國的發展戰略》（載於《經濟參考》1988年3月8日）

個人小傳

《資源配置與激勵機制：論合作經濟理論》（載於《中國知識份子》1987年第3卷第2期）

《正常利率理論》（載於《金融研究》1984年第11期）

《社會主義經濟中的資源配置機制》（載於《經濟研究參考》1982年3月）

林毅夫精彩語錄

1.「中國最值得推廣的是務實主義」

　　就中國經驗來講，中國最值得推廣和借鑒的就是「務實主義」，也就是「摸著石頭過河」。中國通過一種漸進的改革，逐步建立起了一個完善的、現代的市場經濟。轉型經濟體的目標是明確的，就是建立完善的市場經濟，怎樣過渡到目標，中國的漸進式改革是重要的經驗。漸進式的前進需要看清楚現實條件，把握好機遇，需要包括政府在內的社會各個層面克服困難，找到有效的措施解決問題。向前推進之後，又出現新的問題，就再根據當時的條件提出新的解決方案，一步一步邁向成功的彼岸。這是一種非常務實、實事求是的發展方式。對其他發展中國家的發展和轉型具有重要意義。中國的發展經驗是值得世界參考的，國際上已經有越來越多的學者認識到這一點。另外，任何國家問題的解決都要靠政府和人民的努力，其他機構、其他國家所能提供的幫助不能越俎代庖，世界銀行也不能代替他們進行決策。

2.「中國需要解決好分配差距問題」

　　中國是轉型中的經濟體，在過去的30年中，中國經濟實現了年均9.7%的高速增長。中國的國際化、全球化的程度在提高，並成為發展中經濟體裡最為開放的經濟體。中國要往建立完全的市場經濟體制方面發展，目前存在的問題是明顯的。在未來，中國需要解決好收入分配差距問題，城鄉差距、社會發展、環境問題、國際國內收支不平衡等也需要

解決。

3.「奧運會後中國經濟不會出現蕭條」

北京2008年奧運會之後中國經濟不會出現蕭條，主要有兩方面原因。一是中國的經濟規模跟其他舉辦奧運會國家的經濟規模比較起來差異較大。中國在2007年達到的經濟規模是3萬億美元，與雅典奧運會相比，中國的經濟規模是希臘的16倍，與雪黎奧運會相比，中國的經濟規模是澳大利亞的8倍。中國的經濟規模比它們大了許多，所以這些投資相對中國來講是不多的。二是中國除舉辦2008年奧運會外，還要在2010年舉辦世博會，2012年舉辦亞運會，需要很多固定資產投資，可以確信奧運會之後中國不會出現經濟蕭條。

4.「最突出的結構問題是收入分配結構不合理」

在國民收入分配中，資本所得不斷上升，勞動所得不斷下降，現在經濟發展過程中出現的不少突出矛盾和問題都與此有關。收入較高的人群，基本需求已經滿足，這部分人的消費傾向相對較低，增加的收入多轉變為投資；而收入較低的人群，日子過得緊巴巴的，還面臨子女教育、醫療等一系列問題，他們的消費傾向相對較高，但又缺乏消費能力，使其消費行為受限。所以，收入分配結構的傾斜，會造成投資增長快、消費啟動難的結果，帶來投資和消費結構的失衡。同時，收入較低的人群相對集中在農村，集中在中西部地區，收入分配結構的不合理也就意味著城鄉差距和區域差距的擴大，進而影響到國民經濟全面協調可持續發展目標的實現。

5.「中國勞動力的比較優勢還有很大空間」

隨著經濟增長、資本積累，勞動力由相對豐富逐漸變為相對稀缺，其成本不斷上升是一個必然趨勢，而且這也是我們盼望的一個趨勢，只有這樣勞動者才能分享經濟增長的果實。中國的企業必須隨著勞動力和

資本相對價格的變動，不斷適應新的情況，進行產業、產品、技術的升級，以維持在國內、國際市場的競爭力。從這個意義上說，勞動力成本的上升是中國產業升級、技術進步的動力。此外，勞動力優勢是一個相對的概念，相比一些新興國家和地區，也許我們的資本多一些，勞動力成本高一些；但是跟美國和日本比呢，跟亞洲「四小龍」比呢，我們還是資本比較短缺，勞動力比較豐富和便宜，充分發揮中國勞動力的比較優勢還有很大的空間。

6.「中小企業完全可以成為先進的現代化企業」

通常我們在認識上有個誤區，就是認為企業越大越先進，中小企業必然落後，其實並非如此。德國長期位列世界第三大經濟強國，也是全世界人均收入最高的國家之一，可是德國的企業至今仍然絕大多數是中小企業。如果有公平的市場競爭環境和優質的金融服務，中小企業也可以不斷改進技術，成為先進的、現代化的企業。一個國家產業的競爭力主要取決於其產品的成本，而一個產業成本的高低主要取決於其是否利用了本國的比較優勢。換句話說，真正具有比較優勢的產業、企業，在完全開放的市場上，才是最有自生能力、最具競爭優勢的。

7.「讓所有的人共同分享發展的好處」

「我到世銀之後，非常樂意說明中國在減少貧困人口和中國社會發輾轉型方面的機遇和挑戰在什麼地方，會把這些經驗與非洲進行溝通。在發展轉型時期，還要讓所有的人共同分享發展的好處。」

林毅夫精彩語錄

主要參考文獻

1.林毅夫．解讀中國經濟沒有現成模式 [M]．北京：社會科學文獻出版社，2007

2.林毅夫．制度、技術與中國農業發展 [M]．上海：上海三聯書店，1992

3.林毅夫．中國奇蹟：回顧與展望 [M]．北京：北京大學出版社，2006

4.林毅夫，蔡昉，李周．中國的奇蹟：發展戰略與經濟改革 [M]．上海：上海三聯書店，1994

5.林毅夫．論經濟學方法：與林老師對話 [M]．北京：北京大學出版社，2005

6.林毅夫．論經濟發展戰略：與林老師對話 [M]．北京：北京大學出版社，2005

7.北京大學中國經濟研究中心．林毅夫教授經濟思想述評．http：//www.docin.com/p-1795363.html

8.林毅夫．自生能力、經濟發展與轉型：理論與實證 [M]．北京：北京大學出版社，2004

9.張維迎．中國改革30年：10位經濟學家的思考 [M]．上海：上海人民出版社，2008

10.楊林林．高端專家訪談：共用中國 [M]．北京：經濟日報出版社，2008

11.鄭東陽．林毅夫：跌宕人生路 [M]．杭州：浙江人民出版社，

2010

12.林木·我在北京大學讀 MBA [M]·北京：現代出版社，2009

13.甯南·記北京大學中國經濟研究中心（CCER）風雨十年·http：//business.sohu.com/20040923/n222199820.shtml

14.央視《面對面》節目·《董倩專訪林毅夫：通往世界銀行之路》，2008年3月

15.央視《中國財經報導》節目·《林毅夫零距離》，2008年6月9日

16.香港鳳凰衛視《小莉看世界》節目·《吳小莉專訪林毅夫》，2008年6月

17.東方衛視《楊瀾訪談錄》節目·《楊瀾專訪林毅夫：我在世銀這一年》，2009年11月7日

18.央視二套財經頻道《對話》節目·《林毅夫的世界時間》，2010年12月10日

19.林毅夫演講·中國經濟問題研究（1～32）.http：//www.tudou.com/home/item_u1411929s0p1.html

http：//www.tudou.com/home/item_ u1411929s0p2·html

20.林毅夫演講·中國傳統文化與中國經濟的發展·http：//www.56.com/u57/v_MzY0MzM0NTQ. html

21.北京大學電視臺《美麗人生》節目·《經世濟民——專訪著名經濟學家林毅夫教授》http：//video.baby.sina.com.cn/v/b/9058369-1341765985.html#9058369__

國家圖書館出版品預行編目資料

傳奇學人：林毅夫／劉世英著. -- 一版. -- 臺北
　市：大地, 2013.12
　　面：　公分. --（經典書架：24）

　　ISBN 978-986-5800-06-2（平裝）

　1. 林毅夫 2. 經濟學家 3. 傳記

550.188　　　　　　　　　　　102024159

傳奇學人林毅夫

作　　　者	劉世英	
發 行 人	吳錫清	經典書架 024
主　　　編	陳玟玟	
出 版 者	大地出版社	
社　　　址	114台北市內湖區瑞光路358巷38弄36號4樓之2	
劃撥帳號	50031946（戶名　大地出版社有限公司）	
電　　　話	02-26277749	
傳　　　真	02-26270895	
E - mail	vastplai@ms45.hinet.net	
網　　　址	www.vasplain.com.tw	
美術設計	普林特斯資訊股份有限公司	
印 刷 者	普林特斯資訊股份有限公司	
一版一刷	2013年12月	

大地

定　　　價：280元

版權所有‧翻印必究

本書原出版者為：中國科技出版傳媒股份有限
公司（科學出版社），中文簡體書名：《傳奇
學人林毅夫》。版權代理：中圖公司版權部。
經授權大地出版社在台灣獨家出版發行。

Printed in Taiwan